유비쿼터스
MZ 세대와 ESG 마케팅

유비쿼터스 MZ 세대와 ESG 마케팅

ⓒ 이정완, 2023

초판 1쇄 발행 2023년 12월 27일

지은이   이정완
펴낸이   이기봉
편집   좋은땅 편집팀
펴낸곳   도서출판 좋은땅
주소   서울특별시 마포구 양화로12길 26 지월드빌딩 (서교동 395-7)
전화   02)374-8616~7
팩스   02)374-8614
이메일   gworldbook@naver.com
홈페이지   www.g-world.co.kr

ISBN   979-11-388-2613-6 (03320)

이정완 지음

Ubiquitous

유비쿼터스
MZ 세대와
ESG 마케팅

ESG Marketing

ESG 마케팅이 기업의 사회적 책임과 수익성 사이의 균형을 어떻게 유지
하고 있는지를 파악해 보고, 기업들이 ESG 마케팅을 통해 지속 가능한 미
래를 구축하는 데 어떻게 기여할 수 있는지에 대한 인사이트를 제공할 것
입니다.

_프롤로그 중에서

좋은땅

‖ 목차 ‖

프롤로그

　21세기 초, 세상은 급격한 변화의 속도로 전개되고 있습니다. 디지털 혁명의 진전, 글로벌화의 가속, 그리고 지속 가능성에 대한 새로운 인식이 우리의 사회, 경제, 그리고 비즈니스 모델에 혁명적인 영향을 미치고 있습니다. 이러한 변화의 중심에 선 것이 바로 MZ 세대, 즉 밀레니얼(Millennials) 세대와 Z 세대(Generation Z)입니다. MZ 세대는 디지털 원주민(Digital Native)으로서 태어났으며, 기술의 발전과 소셜 미디어의 확산을 경험해 왔습니다. 이들은 정보에 민감하며 소통에 열려 있으며, 고객 경험과 기업의 사회적 영향력에 대한 높은 기대를 가지고 있습니다. MZ 세대는 단순한 소비자가 아니라, 지속 가능성, 사회적 책임, 환경 보호에 대한 의식을 고취시키며, 기업의 비전과 가치를 검토하며 제품과 브랜드를 선택합니다. ESG(Environmental, Social, and Governance) 마케팅은 이러한 변화된 소비자 요구에 부응하려는 노력의 한 부분으로, 환경, 사회적 영향, 기업 운영에 관한 책임을 강조하는 마케팅 전략을 의미합니다. MZ 세대와 ESG 마케팅 사이에는 끊임없는 상호 작용이 이루어지고 있습니다. 이들은 기업이 환경 보호, 사회적 책임, 투명한 경영에 진지하게 참여하고 있는지를 검토하며 제품과 브랜드를 선택하고 고객 충성도를 보여 줍니다.

《유비쿼터스 MZ 세대와 ESG 마케팅》은 이러한 MZ 세대와 ESG 마케팅 간의 흥미로운 상호 작용을 탐구하고, ESG 마케팅의 중요성에 대해 강조하고자 집필하였습니다. 이를 위해, 제1부에서는 MZ 세대 소비자 행동 이해, ESG 마케팅의 개념과 중요성, 핵심 원칙, 그리고 MZ 세대 소비자와 ESG 마케팅의 상호 작용에 대해서 설명하였고, 제2부에서는 소비자 행동 주의와 ESG 마케팅의 연관성, ESG 소비자 행동주의 개념과 중요성, 그리고 ESG 소비자 행동주의의 발전 방향에 대해서 설명하고 있습니다. 이를 통해, 기업들이 지속 가능한 방식으로 성장하면서도 이들 MZ 세대 소비자들과 긍정적인 관계를 형성할 수 있는 방법을 제시하고 있습니다. 또한, 이 책은 ESG 마케팅이 기업의 사회적 책임과 수익성 사이의 균형을 어떻게 유지하고 있는지를 파악해 보고, 기업들이 ESG 마케팅을 통해 지속 가능한 미래를 구축하는 데 어떻게 기여할 수 있는지에 대한 인사이트를 제공할 것입니다.

끝으로, 이 책을 통해 독자들은 MZ 세대와 ESG 마케팅의 결합이 어떻게 기업의 경쟁력을 향상시키고, 동시에 사회적 가치와 지속 가능성을 실현하는데 기여하는지를 이해할 수 있을 것입니다. 이 두 가지 핵심 주제를 이해하고 활용함으로써, 우리는 더 지속 가능한 미래를 만들어 나갈 수 있을 것입니다. 독자와 함께 이 행복한 여정을 시작하게 되어 행복하고 감사합니다.

제1부

MZ 세대 소비자와
ESG 마케팅

제1장

MZ 세대 소비자 이해

제1절. MZ 세대 소비자의 개념과 특징

21세기에 들어와서, 소비자의 행동과 언어, 가치관은 과거와는 크게 다르게 변하고 있습니다. 특히 MZ 세대는 이러한 변화의 중심에 서 있으며, 기존의 소비 패턴을 완전히 재정의하고 있습니다. 이러한 MZ 세대는 기존의 소비자와는 다른 특징과 가치관을 가지고 있으며, 기업과 마케터에게 새로운 고민과 전략을 요구하고 있습니다. 이 절에서는 MZ 세대 소비자의 개념과 특징에 대해 자세히 살펴보겠습니다.

제1항. MZ 세대의 개념

가. MZ 세대란 누구인가?

MZ 세대는 밀레니얼 세대(Millennial Generation)와 Z세대(Generation Z)의 약자로, 이는 크게 두 부분으로 구분됩니다. 밀레니얼 세대는 1980년대 후반에서 1990년대 중반 사이에 태어난 사람들을 포함하며, Z세대는 1990년대 후반에서 2010년대 중반 사이에 태어난 사람들을 의미합니다.

이 두 세대는 역동적이며 다양한 특징을 가지고 있지만, 공통적으로 디지털 기술과 인터넷의 보급에 크게 영향을 받았으며, 사회적 편견에 대한 민감성과 환경에 대한 관심이 높습니다.

나. MZ 세대 소비자의 중요성

MZ 세대는 현재와 미래의 소비자 시장에서 중요한 역할을 합니다. 그들은 큰 소비력을 가지고 있으며, 디지털 기술을 통한 온라인 쇼핑과 정보 공유로 소비 결정에 영향을 미칩니다. 따라서 기업은 MZ 세대의 특징과 가치관을 이해하고 이를 반영한 마케팅 전략을 구축해야 합니다.

제2항. MZ 세대의 주요 특징

MZ 세대는 다음과 같은 주요 특징을 가지고 있습니다.

가. 디지털 네이티브(Digital Native)

MZ 세대는 디지털 기술과 인터넷의 발전과 함께 자란 세대로, 디지털 미디어와 소셜 미디어에 익숙하며 이를 적극적으로 활용합니다. MZ 세대는 디지털 기술이 일상의 핵심 요소로 자리 잡았던 세대로, 스마트폰과 인터넷의 보편화로 디지털 네이티브로서 자랐습니다. 따라서 온라인 환경에서의 경험이 다른 세대보다 풍부하며, 이를 통해 정보를 검색하고 소통하는 방식에서 독특한 특징을 보입니다. 이들은 스마트폰, 소셜 미디어, 온라인 쇼핑 등을 일상적으로 활용하며, 기존의 미디어와 소통 방식을 크게 바꾸었습니다.

나. 사회적 다양성과 포용성

MZ 세대는 사회적 다양성을 존중하고 포용적인 가치를 중요하게 생각합니다. 이들은 인종, 성별, 성적 지향, 종교 등 다양한 배경을 가진 사람들을 포함하는 사회를 지향하며, 이러한 가치에 부합하는 브랜드(Brand)와 제품을 선호합니다. 이들은 성별, 인종, 종교, 성적 지향에 관계없이 모든 사람을 평등하게 대우하고자 합니다. 이는 기업이 다양성을 존중하고 홍보하는 것이 중요하다는 점을 의미합니다.

다. 환경 및 지속 가능성에 대한 관심

환경보호 및 지속 가능한 소비에 대한 관심이 높으며, 이와 관련된 제품 및 브랜드를 선호합니다. 지구 환경 문제에 대한 관심이 높은 MZ 세대는 환경친화적 제품과 기업에 긍정적으로 반응합니다. 환경에 대한 책임감을 가진 기업들은 이러한 소비자들로부터 높은 지지를 받을 수 있습니다.

라. 사회적 참여

MZ 세대는 환경, 사회 정의, 다양성 등에 대한 관심이 높으며, 이러한 가치관을 제품과 브랜드 선택에 반영하려는 경향이 있습니다. 이들은 기업이 사회적 책임을 다하고 있는지에 대한 정보를 주목하며, 소비 결정에 영향을 미칩니다. 또한 사회적으로 참여하고 변화를 주도하려는 열정을 지니고 있습니다.

마. 개인화된 경험과 공유의 중요성

MZ 세대는 개인화된 서비스와 제품을 선호하며, 데이터와 기술을 통해 자신에게 맞는 경험을 찾고자 합니다. MZ 세대는 물질적인 소유보다는 경험과 공유를 중요시합니다. 여행, 레스토랑, 이벤트 등 다양한 경험을 즐기며 이를 소셜 미디어를 통해 공유합니다. 기업들은 이러한 경험을 제공하고 소비자들과 공유 가능한 콘텐츠를 제공함으로써 MZ 세대의 관심을 끌 수 있습니다.

제3항. MZ 세대의 소비 행태

MZ 세대의 소비 행동은 이전 세대와 비교하여 몇 가지 주요한 차이점을 가지고 있습니다.

가. 온라인 쇼핑 선호

MZ 세대는 온라인 쇼핑을 선호하며, 편리성과 다양성을 중요하게 여깁니다. 또한 제품 구매보다는 브랜드와의 경험을 중시하며, 소셜 미디어를 통해 제품을 공유하고 의견을 나누는 것을 즐깁니다. MZ 세대는 온라인 쇼핑을 선호하며, 모바일 앱 및 웹사이트를 통해 제품을 검색하고 구매합니다. 소셜 미디어, 온라인 광고, 온라인 커뮤니티(Online Community)를 통해 브랜드와 소비자 간의 상호 작용을 촉진하기 위한 디지털 마케팅은 필수입니다.

나. 윤리적 소비에 관심

사회적 관심을 가진 MZ 세대는 환경친화적 제품 및 윤리적 생산 과정을 가치 있게 여깁니다. 환경 문제에 대한 민감성으로 인해 MZ 세대는 지속 가능한 제품과 브랜드를 선호하며, 이러한 브랜드에 충성할 가능성이 높습니다. 이에 따라 기업의 사회적 책임과 지속 가능한 비즈니스 모델을 지지하며, 해당 가치를 공유하는 브랜드를 선호합니다.

다. 사회적 이슈에 민감함

소셜 미디어를 통해 다른 사람들의 의견을 주의 깊게 듣고, 제품 또는 브랜드에 대한 평판이나 사회적 책임을 고려하여 소비 결정을 내립니다. 소셜 미디어에서의 리뷰와 평가는 MZ 세대에게 중요한 결정 요인이므로, 긍정적인 리뷰를 유도하고 부정적인 피드백에 적극적으로 대응해야 합니다.

라. 개인화된 경험 중시

개인화는 MZ 세대의 소비에 있어 핵심 요소입니다. 개인 정보를 기반으로 한 추천 시스템과 맞춤형 마케팅은 이들에게 매우 효과적입니다. 또한 이들은 자신의 의견을 브랜드에 표현하고, 브랜드가 그것을 존중하는 것을 기대합니다. MZ 세대는 개인화된 경험을 선호하므로, 데이터를 분석하여 개인화된 제품 및 서비스를 제공해야 합니다.

MZ 세대는 현대 소비의 중심에 서 있는 세대로, 디지털 네이티브로서의 특징과 사회적 관심, 다양성 및 포용성에 대한 가치를 가지고 있습니다. 기업은 이러한 특징을 이해하고 MZ 세대와의 긍정적인 관계를 구축하기 위해 적합한 전략을 마련해야 합니다. MZ 세대와의 긍정적인 상호작용을 통해 브랜드의 인지도를 높이고, 장기적인 고객 충성도를 구축할 수 있을 것입니다. 이를 통해 MZ 세대 소비자를 유치하고 유지할 수 있으며, 시장에서 경쟁력을 유지할 수 있을 것입니다.

제2절. MZ 세대 소비자의 역할 및 중요성

MZ 세대는 현재 소비 시장에서 주요한 역할을 하고 있으며, 그들의 소비 습관과 가치관은 기업과 시장 전반에 큰 영향을 미치고 있습니다. 이절에서는 MZ 세대의 소비자로서의 역할과 그들이 어떻게 시장을 변화시키고 있는지에 대해 논의하겠습니다.

제1항. MZ 세대의 역할

가. 소비자 권력의 증가

MZ 세대는 디지털 기술의 발전과 인터넷의 보급으로 정보 접근성이 급격히 향상되었으며, 제품 및 서비스에 대한 접근성이 크게 증가했습니다. 이로 인해 소비자들은 제품 및 서비스에 대한 정보를 쉽게 얻을 수 있으며, 제품 및 서비스의 질과 가격을 비교할 수 있는 능력이 강화되었습니다.

나. 환경 및 사회적 책임 요구

MZ 세대는 환경 보호와 사회적 책임에 대한 관심이 높습니다. 이들은 기업의 환경 및 사회적 활동에 대한 투명성을 요구하며, 지속 가능한 제품 및 서비스를 선호합니다. 따라서 기업들은 환경친화적 제품을 개발하고 사회 문제에 대한 적극적인 대응책을 마련해야 합니다.

다. 브랜드 충성도와 영향력 확대

MZ 세대는 자신의 경험과 의견을 소셜 미디어를 통해 공유하는 경향이 있습니다. 이로 인해 브랜드의 명성과 평판은 더욱 중요해졌으며, 이들의 영향력은 브랜드에 큰 영향을 미칩니다. 따라서 기업들은 MZ 세대를 대상으로 한 마케팅 전략을 세우고 브랜드 충성도를 구축하는 데 집중해야 합니다.

라. 혁신과 새로운 경험의 수요 증가

MZ 세대는 새로운 경험과 혁신에 대한 높은 수요를 가지고 있습니다. 이들은 기존의 관행을 뒤집고 새로운 아이디어와 기술에 개방적입니다. 따라서 기업들은 혁신적인 제품과 서비스를 개발하고, MZ 세대의 기대에 부응해야 합니다.

제2항. MZ 세대의 중요성

MZ 세대는 현재와 미래의 소비 시장에서 중요한 역할을 합니다. 그 이유는 다음과 같습니다.

가. 인구 규모

대한민국의 MZ 세대란 1980~1995년생을 일컫는 밀레니얼 세대(11,587천 명)와 1996~2010년생을 뜻하는 Z세대(7,673천 명)를 합친 말로, 2023년 기준 만 13세부터 42세까지가 포함됩니다. 통계청의 인구 총조사에 따르면, MZ 세대(1980~2010년 출생)는 2022년 12월 기준 우리나라 전체 인구의 37.4%(19,260천 명)를 차지하고 있으며, 우리나라 노동 인구(38,362천 명)의 약 50%를 차지하는 등 사회·경제적으로 주축이 될 것입니다. 따라서 MZ 세대에 대한 이해와 파악은 경제 활동과 소비뿐만 아니라 기업에서도 주요 관심사입니다.

나. 디지털 영향력

MZ 세대는 소셜 미디어와 온라인 플랫폼을 통해 의견과 정보를 공유하며 다른 세대에게 영향을 미칩니다. 따라서 이들의 선호와 브랜드 선택이 다른 세대에게도 영향을 미칩니다.

다. 소비 습관의 변화

MZ 세대는 과거 세대와 비교하여 다양한 소비 습관을 보여 줍니다. 이들은 브랜드 충성도가 낮고, 제품의 품질과 가치에 중점을 둡니다. 또한 지속 가능성과 윤리적인 소비에 높은 관심을 가지며, 환경친화적 제품과 서비스를 선호합니다.

라. 기업에 대한 요구

MZ 세대는 기업이 사회적 책임을 다하고, 다양성과 포용성을 존중하며, 소비자와 소통하는 데 관심을 갖습니다. 또한 기업에 대한 투명성을 요구하며, 소비자 경험을 개선하기 위해 혁신을 기대합니다. 그들의 소비 선택은 기업의 생존과 성장에 직접적인 영향을 미치며, 브랜드의 인식과 이미지 형성에도 영향을 미칩니다.

MZ 세대 소비자들은 현대 사회와 경제에 큰 영향을 미치며, 그들의 역할과 중요성은 계속해서 증가하고 있습니다. 이들은 소비자 권력의 증가,

환경 및 사회적 책임, 브랜드 충성도, 혁신과 새로운 경험의 수요 등 다양한 측면에서 기업들에게 중요한 요인입니다. 따라서 기업들은 MZ 세대를 주요 고객층으로 고려하고, 이들과의 긍정적인 상호 작용을 통해 브랜드의 성공을 증가시킬 수 있을 것입니다.

제3절. MZ 세대 소비자의 가치관과 구매 습관

MZ 세대는 이전의 세대와는 다른 가치관과 구매 습관을 가지고 있어 기업들은 이들을 이해하고 맞추기 위해 노력하고 있습니다. MZ 세대의 주요 가치관과 구매 습관은 다음과 같습니다.

제1항. MZ 세대 소비자의 가치관

가. 지속 가능성과 환경 의식

MZ 세대는 환경 문제에 대한 민감성을 가지고 있으며 지속 가능한 제품과 브랜드에 큰 관심을 가지고 있습니다. 기후 변화와 지구 온난화에 대한 우려로, 환경친화적인 제품과 브랜드를 선호합니다. 재활용 가능한 제품, 친환경 포장재, 그리고 지속 가능한 생산 방식을 지지하며, 이러한 가치를 가진 기업에 긍정적으로 반응합니다. 이들은 기업의 사회적 책임을 중요시하며 환경에 친화적이고 윤리적인 제품을 선호합니다.

나. 사회적 책임

MZ 세대는 기업의 사회적 책임을 중요시합니다. 이들은 이윤 추구뿐만 아니라 사회적 문제 해결에 기여하는 기업을 선호합니다. 기업들은 자선 활동, 지역 사회 지원, 또는 사회 문제에 대한 적극적인 참여를 통해 사회적 책임을 실천해야 합니다.

다. 다양성과 포용성

MZ 세대는 다양성과 포용성을 중요하게 생각합니다. 이들은 다양한 인종, 성별, 성적 지향, 신념 등을 존중하고 선호합니다. 따라서 기업들은 다양성을 존중하고 다양한 문화적 배경을 대표하는 광고와 제품을 제공함으로써 MZ 세대의 지지를 받으려고 노력하고 있습니다.

라. 경험 중시 라이프스타일(Lifestyle)

MZ 세대는 물질적인 소유보다는 경험을 중시합니다. 여행, 음식, 문화 행사 등 다양한 경험을 즐기는 것을 선호하며 라이프스타일을 중요하게 생각합니다. 따라서 기업들은 제품과 서비스를 경험과 라이프스타일과 연관시키는 방법을 고민하고 있습니다.

제2항. MZ 세대 소비자의 구매 습관

가. 디지털 중심적 쇼핑

MZ 세대는 디지털 네이티브로서 디지털 기술과 소셜 미디어에 깊은 관심을 가지고 있습니다. MZ 세대는 디지털 기술에 익숙하며 온라인 쇼핑을 선호합니다. 이들은 온라인 쇼핑을 선호하며 소셜 미디어를 통해 제품 정보를 얻고 구매 결정을 내립니다. 기업들은 디지털 마케팅 전략을 강화하고 온라인 쇼핑 경험을 개선하여 MZ 세대를 유치하기 위해 노력하고 있습니다.

나. 개별성과 차별화

MZ 세대는 개별적이고 독특한 경험을 추구합니다. 제품이나 서비스가 개인적인 가치를 제공하며 자신의 아이덴티티에 부합해야 합니다. 기업들은 맞춤형 제품과 개인화된 서비스를 제공하여 MZ 세대의 차별화된 구매 요구를 충족시키는 데 주력하고 있습니다.

다. 경제적 현실성

비록 경험과 라이프스타일을 중요시하지만, 가격 역시 MZ 세대에게 중요한 요소입니다. 그러나 이들은 가격보다는 가치를 더욱 중요하게 생각합니다. 기업들은 경쟁력 있는 가격과 높은 품질을 융합한 제품을 제공하여 MZ 세대의 구매 욕구를 충족시키려고 합니다. 고품질 제품과 서비스를 합리적인 가격에 제공하는 기업들은 MZ 세대의 관심을 끌 수 있습니다.

라. 유연성과 편리성

MZ 세대는 편리성을 중요하게 생각하며, 삶의 여유 시간을 늘리고 불편함을 최소화하는 제품과 서비스를 선호합니다. 유연한 구매 옵션, 빠른 배송, 간편한 결제 방식을 제공하는 기업들은 MZ 세대의 관심을 사로잡을 수 있습니다.

마. 온라인 커뮤니티와 소셜 인플루언서(Influencer)의 영향

MZ 세대는 온라인 커뮤니티와 소셜 인플루언서의 의견에 큰 영향을 받습니다. 제품 또는 브랜드와 관련된 정보를 얻기 위해 소셜 미디어를 적극 활용하며, 기업은 소셜 인플루언서와 협력하여 제품을 홍보하는 전략을 고려해야 합니다.

  MZ 세대의 가치관과 구매 우선순위는 이전 세대와 다르며 기업들은
이를 고려하여 제품과 마케팅 전략을 개발해야 합니다. 환경 의식, 디지털
중심적 생활, 다양성과 포용성, 경험과 라이프스타일, 그리고 가격과 가치
는 MZ 세대의 구매 결정에 큰 영향을 미치는 요소 중 일부에 불과합니다.
또한, 맞춤형 제품, 사회적 책임, 경제적 현실성, 그리고 유연성과 편리성
은 MZ 세대를 대상으로 하는 비즈니스에서 고려해야 할 중요한 측면입니
다. 이러한 접근 방식을 통해 기업들은 MZ 세대와의 긍정적인 상호 작용
을 촉진하고 그들의 충성도를 얻을 수 있을 것입니다.

제4절. MZ 세대 소비자와 환경 문제

MZ 세대는 현재의 소비 패턴과 문화를 형성하는 주요 세대입니다. 이 두 세대는 환경 문제에 대한 관심을 특히 강하게 가지고 있으며, 그들의 소비 행동과 선택은 지속 가능한 미래를 위한 중요한 영향력을 발휘하고 있습니다. 이 절에서는 MZ 세대의 환경 문제에 대한 관심과 그 영향을 논의하겠습니다.

제1항. 환경 문제에 대한 높은 관심

MZ 세대는 학교에서 환경 교육을 받고, 온라인에서 환경 문제에 관한 뉴스와 논의를 적극적으로 참여하며, 이를 통해 그들은 환경 문제의 심각성을 깨닫고 있습니다.

가. 기업의 환경 책임 강조

MZ 세대는 기업이 환경적 책임을 다하도록 요구합니다. 이들은 기업의 지속 가능한 비즈니스 모델을 지지하고, 제품 생산과 배출 과정에서 환경친화적인 조치를 취하도록 압력을 가합니다. 기업의 환경친화적인 노력, 에너지 절약 및 탄소 배출 감소 등을 중요시하며, 기업들에게 환경 문제를 적극적으로 고려하도록 자극하고 있습니다.

나. 지속 가능한 소비 습관

MZ 세대는 환경을 생각하면서 제품과 서비스를 선택하고 소비하는 경향이 있습니다. 지속 가능한 브랜드와 제품을 선호하며, 환경친화적인 브랜드를 선호하고, 재활용 가능한 제품을 선택하는 등의 노력을 기울입니다. 또한, 재활용, 에너지 절약과 같은 지속 가능한 생활 습관을 채택하고 홍보합니다. 또한, 더 많은 사람이 대중교통을 이용하고 친환경 자동차 또는 전기 자동차를 선호하고 구매하는 경향이 있습니다.

제2항. MZ 세대의 환경 문제 대응 행태

가. 환경 활동 참여 및 봉사

MZ 세대는 단순히 환경 문제를 의식하는 것뿐만 아니라, 활발하게 참여하고 있습니다. MZ 세대는 환경을 위해 봉사활동을 하거나 지역 사회에서 환경 활동을 주도하는 경우가 많습니다. 공원 정리, 쓰레기 수거, 나무 심기 등의 활동을 통해 지속 가능한 지역 사회를 만들기 위해 노력하고 있습니다. 또한, 환경 보호 단체에 기부하거나 환경 관련 행사에 참석하는 등의 방법으로 활동하고 있습니다.

나. 소셜 미디어 활동과 환경 운동

MZ 세대는 소셜 미디어와 인터넷을 통해 환경 문제에 대한 의견을 공유하고 환경 운동을 지원하는 활동을 활발히 합니다. 환경 문제에 대한 인식을 높이고, 기업이 환경적 책임을 다하도록 압력을 가합니다. 환경 보호 운동, 기후 시위, 지속 가능한 삶을 실천하는 노력 등에서 그들의 역할을 확대하고 있습니다. 또한 소셜 미디어를 통해 환경 문제를 논의하고 다른 세대와 정보를 공유하는 데 활용하고 있습니다.

다. 친환경주의 라이프스타일

MZ 세대는 환경 보호를 라이프스타일의 일부로 채택하고 있습니다. 이들은 친환경 교통수단을 사용하거나 대중교통을 선호하며, 식품 소비에서도 유기농, 지역 농산물과 같은 친환경적인 선택을 합니다.

라. 기술과 혁신의 활용

MZ 세대는 기술과 혁신을 통해 환경 문제에 대한 해결책을 모색하고 있습니다. 태양열 발전, 전기 자동차, 스마트 에너지 관리 시스템 등의 기술을 지지하고 사용하여 에너지 효율성을 높이고 환경에 미치는 부정적인 영향을 줄이려는 노력을 기울이고 있습니다.

MZ 세대는 환경 문제에 대한 관심과 행동을 통해 미래를 위한 지속 가능한 세상을 만들기 위해 노력하고 있습니다. 이들은 환경 교육과 인식, 지속 가능한 소비 습관, 환경 활동 및 봉사, 그리고 기술과 혁신의 활용을 통해 긍정적인 영향을 미치고 있으며, 그들의 노력은 환경 보호와 지구의 미래에 대한 희망을 키우는 데 중요한 역할을 하고 있습니다.

제5절. MZ 세대 소비자와 사회 문제

MZ 세대는 디지털 시대의 중심에 서 있으며, 그들은 그동안의 세대와는 다른 가치관과 관심사를 지니고 있습니다. 이 절에서는 MZ 세대가 사회 문제에 대한 관심을 어떻게 가지고 있는지, 그들이 현대 사회에 미치는 영향과 함께 살펴보겠습니다.

제1항. 사회 문제에 대한 높은 관심

MZ 세대는 다양한 사회 문제에 대한 관심을 높게 가지고 있습니다. 이러한 사회 문제는 기후 변화, 인종 평등, 성 평등, 정치적 차별, 경제 불평등 등 다양합니다. 이러한 문제들은 MZ 세대가 어떤 상황에서 자라왔는가에 따라 그들의 가치관과 태도를 형성하는 데 중요한 영향을 미쳤습니다. 다음과 같이 몇 가지 주요 관심사를 가지고 있습니다.

가. 환경 문제와 지속 가능성

환경 문제는 MZ 세대의 주요 관심사 중 하나로 떠오르고 있습니다. 기후 변화, 생태계 파괴, 자원 고갈, 재활용 등의 문제에 대한 인식이 높아져, 이들은 지속 가능한 소비와 친환경 제품에 더 많은 관심을 기울이고 있습니다. 이로써 환경 보호 단체에 가입하거나 친환경 제품을 선호하는 등의 행동을 취하고 있습니다.

나. 사회 정의와 다양성

MZ 세대는 사회 정의와 다양성 문제에도 큰 관심을 갖고 있습니다. 인종, 성별, 성 정체성에 관한 문제를 논의하며 인권과 평등을 중요하게 생각합니다. 인종, 성별, 성적 지향, 경제적 신분 등 다양한 측면에서의 평등을 지지하며 이를 위한 운동과 캠페인에 참여하고 있습니다. 이들은 사회적 불평등에 대한 인식을 높이고, 이를 개선하기 위한 운동과 프로젝트를 지지합니다.

다. 사회 문제 및 정치 참여

MZ 세대는 정치 참여에도 적극적으로 참여하며, 자신의 목소리를 드러내고 사회 정의에 기여하려고 노력합니다. 특히 소셜 미디어를 활용한 정치 활동이 많이 늘어나고 있습니다. 이들은 인터넷과 소셜 미디어를 통해 글로벌 이슈에 쉽게 접근하고, 정보를 공유하며 의견을 나눕니다. 이로 인해 사회 문제에 대한 정보 흐름이 빨라지고, 문제들이 세대 간 대화의 중심으로 떠오르는 경향이 있습니다.

제2항. MZ 세대의 사회 문제 대응 행태

MZ 세대의 관심은 그들의 온라인 활동과 소비 선택에도 영향을 미칩니다. 예를 들어, MZ 세대는 환경 보호를 중요하게 생각하며 친환경 제품과 회사에 투자하거나 구매합니다. 또한 다양성과 인종 평등을 지지하며 다양성을 존중하는 기업과 브랜드를 선호합니다. 이러한 소비 습관은 사회 문제에 대한 민감성을 반영하고 있으며, MZ 세대가 소비로써 사회 변화를 주도하는 방식 중 하나입니다.

가. 소비 습관의 변화를 통한 사회 변화

MZ 세대의 사회 문제에 대한 관심은 소비로써 사회 변화를 촉진합니다. 이들은 소비를 통해 정치적인 메시지를 전달하거나 사회적 이슈에 대한 인식을 높이는 역할을 합니다. 예를 들어, 소셜 미디어 플랫폼을 통해 특정 브랜드를 비판하거나 지속 가능한 제품을 지지하는 운동을 주도합니다. 또한, 환경 문제에 대한 관심으로, MZ 세대는 지속 가능한 제품을 선호하고 일회용 품목을 줄이는 등의 소비 습관을 바꾸고 있습니다. 기업의 사회적 책임과 윤리적인 생산 방식을 중요하게 여기며, 이러한 가치를 고려한 제품과 브랜드를 선호합니다.

나. 정치 참여와 영향력

MZ 세대는 정치 참여와 사회적 영향력을 행사하는 데 큰 힘을 발휘하고 있습니다. 특히 소셜 미디어를 통해 정치적 주제에 빠르게 의견을 표명하며, 대중의 주목을 받는 경우가 많습니다. 이로 인해 정치적인 변화를 주도하는 역할을 하고 있습니다. 또한, 이들은 투표를 통해 정치적 변화를 이끌어 내고 정책에 영향을 미치려고 노력하고 있습니다.

다. 기업과 사회의 이익 공유

MZ 세대는 사회 문제와 관련된 브랜드와 기업에 대한 높은 기대치를 가지고 있습니다. 이들은 기업이 사회적 책임을 다하고 지속 가능한 비즈니스 모델을 채택하는 것을 선호하며, 이에 반하는 기업에 대해서는 비판적인 시각을 갖고 있습니다. 이는 기업들에게 사회 문제에 대한 더 큰 책임을 부여하고 있으며, 기업들은 이러한 기대치에 부응하기 위해 노력해야 합니다.

MZ 세대는 사회 문제에 대한 관심을 높이고 이를 소비와 라이프스타일에 반영하는 소비자 그룹으로 부상하고 있습니다. 이들은 환경, 다양성, 인종 평등, 정치적 차별 등 다양한 사회 문제에 민감하게 반응하며, 이를 통해 기업들과 브랜드들에게 사회적 책임과 지속 가능한 경영에 대한 요구를 제기하고 있습니다. 이러한 현상은 미래 소비 트렌드를 주도하며 사회적으로 책임 있는 비즈니스 모델의 중요성을 강조하고 있습니다. MZ 세대의 사회 문제에 대한 관심은 우리 사회의 긍정적인 변화를 견인하는 역할을 하고 있으며, 이를 주목해야 합니다.

제6절. MZ 세대 소비자와 온라인 쇼핑

21세기의 디지털 혁명은 소비자의 쇼핑 습관을 급격하게 변화시켰습니다. 특히 MZ 세대는 이 디지털 변화를 주도하며 온라인 쇼핑의 새로운 표준을 만들어 냈습니다. 이 절에서는 MZ 세대의 온라인 쇼핑 행동에 대해 자세히 논의하겠습니다.

제1항. MZ 세대와 온라인 쇼핑

MZ 세대는 디지털 기술과 인터넷의 발전과 함께 자란 첫 번째 세대입니다. 그 결과, 그들은 디지털 환경에서 태어났고 자연스럽게 디지털 네이티브로서의 역량을 갖추고 있습니다. 이러한 배경 때문에 온라인 쇼핑을 훨씬 더 자주 이용하며, 모바일 앱 및 웹사이트를 통해 상품을 찾고 구매합니다.

가. 개인화된 쇼핑 경험

MZ 세대 소비자들은 개인화된 경험을 요구합니다. 이들은 온라인 쇼핑 플랫폼이 그들의 취향과 관심사를 파악하고 제품 및 서비스를 맞춤형으로 제공하는 것을 기대합니다. 개인화된 추천 알고리즘, 관련 상품 제안 및 타겟팅 광고는 MZ 세대의 온라인 쇼핑에 큰 역할을 합니다.

나. 리뷰와 소셜 미디어의 영향

MZ 세대는 소셜 미디어 플랫폼에서 제품과 브랜드에 대한 피드백을 공유하며, 이를 통해 상품의 신뢰도를 확인하고 선택합니다. MZ 세대는 네이버, 쿠팡, 페이스북(Facebook), 인스타그램(Instagram), 틱톡(TikTok), 유튜브(YouTube) 등의 플랫폼에서 제품 리뷰, 언박싱 영상, 패션 스타일링 포스팅 등을 통해 상품에 대한 리뷰와 추천을 찾고, 이를 통해 구매 결정을 내립니다.

제2항. MZ 세대의 온라인 쇼핑 행태

가. 디지털 커머스 플랫폼의 선호도

MZ 세대는 대개 대형 온라인 커머스 플랫폼을 선호합니다. 쿠팡, 네이버 쇼핑, 아마존(Amazon), 이베이(eBay), 알리바바(Alibaba) 등과 같은 대규모 온라인 마켓플레이스(Online Marketplace)는 다양한 상품과 편리한 구매 과정을 제공하므로 MZ 세대의 신뢰를 얻고 있습니다.

나. 온라인 결제 및 편리하고 빠른 배송

MZ 세대는 간편하고 안전한 온라인 결제 옵션을 선호합니다. 또한 빠르고 편리한 배송 옵션도 중요하게 생각합니다. 이들은 주문한 제품을 빠르게 받아 보고 싶어 하며, 이에 따라 다양한 배송 서비스를 이용하거나 구독 기반의 서비스를 선호하는 경우가 많습니다. 또한, 빠른 결제 옵션, 스마트폰 앱을 통한 쇼핑 경험, 그리고 무료 또는 저렴한 배송 옵션을 선호합니다.

다. 온라인 및 오프라인과의 융합

MZ 세대는 온라인과 오프라인 쇼핑을 융합하는 경향이 있습니다. 온라인에서 상품을 찾고, 오프라인 매장에서 직접 제품을 체험하거나 확인하고, 온라인에서 최종 구매하는 경우가 많습니다. 따라서 온라인 주문 후 오프라인 매장에서 교환 및 반품, 실제 제품을 보고 체험하는 등의 옵션을 제공하는 것이 중요합니다.

라. 새로운 트렌드와 브랜드

MZ 세대의 쇼핑 행동은 계속해서 진화하고 변화할 것으로 예상됩니다. 가상 현실(Virtual Reality, VR) 및 증강 현실(Augmented Reality, AR)을 활용한 쇼핑 경험이나 블록체인을 통한 거래 안전성 강화 등이 미래에 영향을 미칠 것으로 예상됩니다.

MZ 세대의 온라인 쇼핑 행동은 디지털 네이티브로서의 특성과 새로운 소비 가치관에 기반하고 있습니다. 이들은 개인화된 경험과 소셜 미디어의 영향을 중요시하며, 지속 가능성과 윤리적 소비에 대한 관심을 가지고 있습니다. 이러한 이해는 비즈니스와 마케팅 전략을 개발하고 온라인 쇼핑 경험을 개선하는 데 중요한 역할을 합니다.

제7절. MZ 세대 소비자와 소셜 미디어

21세기의 디지털 시대에 들어와서 소셜 미디어와 전자상거래는 현재의 소비 풍토를 완전히 변화시켰습니다. 특히 MZ 세대는 이러한 변화의 주요 주역 중 하나로 소셜 미디어를 통한 쇼핑 경험을 형성하고 있습니다. 이 절에서는 MZ 세대의 소셜 미디어 쇼핑 행태에 대해 살펴보고, 그들의 쇼핑 행동과 영향 요인에 대해 논의하겠습니다.

제1항. MZ 세대와 소셜 미디어 쇼핑

가. 소셜 미디어 쇼핑의 개념

소셜 미디어 쇼핑은 소셜 미디어 플랫폼을 활용하여 제품 및 서비스를 검색하고 구매하는 과정을 의미합니다. 이는 기존의 온라인 쇼핑과 다르게 소셜 미디어의 사회적 및 상호 작용적인 성격을 활용하여 제품에 대한 정보를 얻고 구매 결정을 내리는 방식을 포함합니다. MZ 세대는 소셜 미디어를 제품 및 서비스를 찾고 구매하는 데 중요한 도구로 활용하고 있습니다.

나. 소셜 미디어 쇼핑의 장점

MZ 세대가 소셜 미디어를 통해 쇼핑을 선호하는 이유는 다음과 같은 장점이 있습니다.

(가) 사회적 추천: 소셜 미디어에서 제품이나 서비스를 추천하는 친구

들의 의견을 듣는 것은 구매 결정에 도움이 됩니다. 이는 소비자들에게 믿음직한 정보를 제공합니다.

(나) 시각적 경험: 이미지와 동영상을 통해 제품을 시각적으로 확인하고 어떻게 사용하는지 볼 수 있어 더욱 풍부한 쇼핑 경험을 제공합니다.

(다) 상호 작용: 댓글, 리뷰, 좋아요 및 공유와 같은 상호 작용은 소비자들 간의 의사소통을 촉진하고 브랜드와 소비자 간의 관계를 강화합니다.

(라) 개인화된 추천: 소셜 미디어 플랫폼은 사용자의 행동을 분석하여 맞춤형 추천을 제공하므로 소비자들이 원하는 제품을 더 쉽게 찾을 수 있습니다.

제2항. MZ 세대의 소셜 미디어 쇼핑 행태

가. 소셜 미디어에서의 제품 발견

MZ 세대 소비자들은 소셜 미디어를 통해 새로운 제품을 발견하는 경향이 있습니다. 네이버 블로그, 카카오 스토리, 인플루언서들의 포스팅, 광고, 리뷰, 언박싱 동영상 등을 통해 제품에 대한 정보를 얻고 구매 의사 결정을 내립니다. 이들은 친구나 인터넷 커뮤니티를 통해 제품에 대한 의견을 나누기도 합니다.

나. 소셜 미디어 쇼핑 경험

MZ 세대 소비자들은 소셜 미디어에서 직접적으로 쇼핑을 할 수 있는 기능을 활용합니다. 이들은 소셜 미디어를 통해 제품을 시연하는 동영상을 보거나 상세한 설명을 확인하며 구매 결정을 내립니다. MZ 세대의 소셜 미디어 쇼핑 행태는 쇼핑 경험을 본질적으로 변화시켰습니다. 인플루언서 마케팅, 해시태그 캠페인, 제품 리뷰, 라이브 스트리밍 쇼핑 등을 통해 소셜 미디어 플랫폼은 MZ 세대 소비자들의 쇼핑 동기를 자극하고 결제로 이어지는 단계까지 원활하게 이끌어 갑니다.

다. 사용자 생성 콘텐츠

MZ 세대는 자신의 쇼핑 경험을 소셜 미디어에 공유하는 데 적극적입니다. 제품을 구매하고 어떻게 사용하는지, 제품의 장단점은 무엇인지에 대한 후기와 사진, 동영상을 게시합니다. 이러한 사용자 생성 콘텐츠는 다른 소비자들에게 제품에 대한 더 많은 정보를 제공하고 브랜드와 소비자 간의 상호 작용을 촉진합니다.

라. 개인화된 쇼핑 경험

MZ 세대는 개인화된 경험을 중시합니다. 소셜 미디어 플랫폼은 이들에게 개인화된 제품 추천, 할인 정보, 스타일 조언을 제공합니다. 이로써 소비자들은 더욱 만족스러운 쇼핑 경험을 얻을 수 있으며 기업은 고객 충성도를 높일 수 있습니다.

마. 브랜드와의 상호 작용

MZ 세대 소비자들은 브랜드와의 상호 작용을 중요시하며, 소셜 미디어를 통해 브랜드와 직접 소통합니다. 제품에 대한 문의나 불만 사항을 빠르게 전달하고 피드백을 주고받습니다. 이는 기업의 고객 서비스와 제품 개선에 큰 영향을 미칩니다.

MZ 세대의 소셜 미디어 쇼핑 행태는 전통적인 소비 행태를 혁신하고 브랜드와 소비자 간의 관계를 새롭게 정의하고 있습니다. 기업들은 이러한 트렌드를 이해하고 소셜 미디어를 통한 마케팅 전략을 개발하는 데 주목해야 합니다. 또한 MZ 세대 소비자들은 개인화된 경험과 진실한 가치를 중요시하는 경향이 있으므로, 기업들은 이를 충족시키는 방법을 모색해야 합니다.

제8절. MZ 세대 소비자와 커뮤니케이션

MZ 세대는 현대 사회에서 가장 주목받는 소비자 그룹 중 하나입니다. 이 두 세대는 기존의 소비 행태와 커뮤니케이션(Communication) 방식을 혁신하며, 기업들에게 많은 기회와 도전을 제공하고 있습니다. 이 절에서는 MZ 세대 소비자의 커뮤니케이션 행태에 대해 논의하겠습니다.

제1항. MZ 세대와 커뮤니케이션

가. 디지털 중심의 커뮤니케이션

MZ 세대는 디지털 기술과 소셜 미디어를 통한 소통에 익숙합니다. 이로 인해 그들은 다양한 디지털 플랫폼과 소셜 미디어를 능숙하게 다루며, 온라인 커뮤니케이션을 선호합니다. 이들은 스마트폰, 소셜 미디어, 메신저 앱을 통해 상호 작용하며 정보를 공유하고, 이를 통해 다양한 커뮤니케이션 경로를 개척하고 있습니다. 이들은 채팅 앱, 소셜 미디어 플랫폼, 영상 통화 등 다양한 디지털 도구를 활용하여 친구, 가족, 동료와 소통합니다.

나. 개인화된 메시지 전달

MZ 세대는 개인화된 메시지와 경험을 중요시합니다. 대량 생산된 광고나 마케팅 메시지보다는 자신만의 고유한 경험을 중시하며, 이를 기반으로 제품이나 서비스를 선택합니다. 따라서 기업들은 데이터 분석을 통해 소비자의 취향과 선호도를 이해하고, 맞춤형 제안과 할인 혜택을 제공하여 소비자의 만족도를 높일 수 있습니다. 또한, 개인화된 이메일, 메시지, 광고 등을 통해 브랜드와의 관계를 강화할 수 있습니다.

다. 사회적 책임감 강조

MZ 세대는 사회 문제와 환경 문제에 대한 관심이 높으며, 기업의 사회 책임을 중요하게 생각합니다. 환경 보호, 다양성, 포용성, 사회 문제에 대한 기업의 가치와 노력을 인식하고, 그에 따른 제품과 서비스를 선호합니다. 기업들은 지속 가능성과 사회적 책임에 대한 노력을 소비자에게 알리고, 이를 통해 긍정적인 이미지를 구축할 수 있습니다.

제2항. MZ 세대의 커뮤니케이션 행태

가. 소셜 미디어 중심의 소통

MZ 세대는 소셜 미디어를 중심으로 자신의 삶을 공유하고 다른 사람들과 연결됩니다. 페이스북, 인스타그램, 트위터, 틱톡 등의 플랫폼을 통해 친구, 가족, 그리고 세계 각지의 사람들과 소통하며 자신의 의견과 경험을 공유합니다. 이들은 소셜 미디어를 통해 정보를 공유하고 소통하며, 브랜드와의 상호 작용을 통해 제품이나 서비스에 대한 의견을 나눕니다. 기업들은 소셜 미디어 플랫폼을 활용해 더 나은 고객 관계를 구축하고 브랜드 인지도를 높이는 데 집중해야 합니다.

나. 비동기 및 동기 커뮤니케이션

MZ 세대는 텍스트 메시지, 이메일 및 소셜 미디어를 통한 비동기 커뮤니케이션과 실시간 채팅, 영상 통화 등의 동기 커뮤니케이션을 모두 활용합니다. 기업은 이러한 다양한 커뮤니케이션 수단을 통해 고객과 상호 작용하고, 고객의 선호에 따라 적절한 방식으로 응대해야 합니다.

다. 비주얼 컨텐츠 선호

MZ 세대는 비주얼 컨텐츠를 선호하며 시각적으로 매력적인 콘텐츠에 더 높은 관심을 가집니다. 인스타그램과 같은 플랫폼에서는 이미지와 비디오가 주를 이루며, 이를 통해 브랜드와의 상호 작용을 즐깁니다. 기업들은 시각적으로 매력적인 캠페인과 콘텐츠를 제공하여 MZ 세대의 눈에 띄도록 노력해야 합니다.

라. 영상 컨텐츠 선호

MZ 세대는 텍스트보다는 영상 컨텐츠를 선호합니다. 유튜브, 인스타그램, 틱톡 등의 플랫폼에서 짧은 동영상을 시청하고 만들며, 시각적으로 풍부한 정보를 선호합니다. 기업들은 이러한 선호도를 고려하여 영상 마케팅 전략을 개발하고, 브랜드 스토리텔링을 통해 MZ 세대와 연결할 수 있습니다.

마. 콘텐츠 소비와 공유

MZ 세대는 콘텐츠 소비와 공유에 열정적입니다. 유튜브, 인스타그램, 틱톡 등의 플랫폼에서 유용한 정보, 엔터테인먼트, 제품 리뷰 등을 즐겨 시청하고 공유합니다. 기업들은 브랜드 메시지를 흥미로운 비디오 콘텐츠나 시각적으로 매력적인 이미지와 함께 제공하여 MZ 세대의 관심을 끌어야 합니다.

MZ 세대의 커뮤니케이션 행태는 소비자 행동과 브랜드의 성공에 큰 영향을 미칩니다. 디지털 네이티브로서의 특징, 디지털 중심의 소통, 소셜 미디어 중심의 소통, 개인화된 소통, 콘텐츠 공유, 비주얼 컨텐츠, 영상 컨텐츠, 사회적 책임감 등을 고려하여 기업들은 MZ 세대와의 효과적인 소통 전략을 개발하고 이를 통해 지속적으로 연결을 유지해야 합니다. 이를 통해 브랜드의 성공과 소비자 만족도를 높일 수 있을 것입니다.

ESG 마케팅 이해

제1절. ESG 마케팅의 개념과 배경

ESG 마케팅은 기업의 사회적 책임과 지속 가능성을 강조하는 최근의 비즈니스 트렌드 중 하나로 부상하고 있습니다. 이 절에서는 ESG 마케팅의 개념을 탐구하고 이것이 왜 중요한지, 그리고 이러한 접근 방식이 왜 기업에게 긍정적인 영향을 미치는지에 대해 논의하겠습니다.

제1항. ESG 마케팅의 개념

가. ESG의 의미

ESG는 환경(Environment), 사회(Social), 지배구조(Governance)의 약자입니다. 이것은 기업이 환경적, 사회적, 그리고 지배구조 측면에서 어떻게 운영되는지를 평가하는 지표입니다. 환경적 측면에서는 탄소 배출, 자원 사용, 재활용 등이 중요하며, 사회적 측면에서는 다양성과 포용성, 인권, 노동 관계 등을 고려합니다. 또한, 지배구조 측면에서는 기업의 이사회 구성, 임원 보상, 거버넌스 원칙 준수 등이 중요한 평가 요소입니다.

나. ESG 마케팅의 개념

ESG 마케팅은 기업이 이러한 ESG 요소들을 강조하고 소비자에게 전달하는 마케팅 전략입니다. 이는 기업의 제품과 서비스를 판매하는 것뿐만 아니라, 그 제품과 서비스가 환경, 사회, 지배구조 측면에서 어떻게 기여하는지를 강조하는 것을 의미합니다. ESG 마케팅은 소비자들에게 기업의 사회적 책임감을 강조하고 제품과 서비스의 지속 가능성을 부각시킴으로써 긍정적인 이미지를 형성하려는 목적을 가지고 있습니다. 이러한 요소들은 고객과 이해관계자들에게 긍정적인 메시지를 전달하는 데 중요한 역할을 합니다.

(가) 환경(E): 환경적 책임은 기업이 환경친화적인 제품과 서비스를 개발하고 환경 영향을 최소화하기 위한 노력을 의미합니다. 이러한 노력은 탄소 배출 감소, 재활용, 재생에너지 사용, 자연 보전 등을 포함합니다.

(나) 사회(S): 사회적 책임은 기업이 사회적 이슈에 대한 민감성을 보이고, 다양성과 포용성을 증진하며, 사회적 문제에 대한 기여를 강화하는 것을 의미합니다. 기업은 고객, 직원, 커뮤니티와의 긍정적 상호 작용을 강조합니다.

(다) 지배구조(G): 지배구조적 책임은 기업의 내부 구조와 투명성을 강화하고, 조직의 윤리적 행동과 책임을 강조합니다. 이는 기업의 의사결정 과정 및 리더십에 대한 투명성을 제공하며, 이해관계자들에게 신뢰를 줍니다.

제2항. ESG 마케팅의 배경

ESG 마케팅은 다음과 같은 다양한 배경과 흐름에서 중요성을 얻고 있습니다.

가. 기후 변화와 환경 문제의 급속한 증가

기후 변화, 자원 고갈, 환경 파괴, 자연재해의 증가로 인해 기업들은 환경 책임을 강조하게 되었습니다. 소비자들은 친환경 제품과 서비스에 대한 수요를 높이고 있으며, 이는 기업들에게 환경적 책임을 강조하게 만들었습니다. 이로 인해 기업들은 환경친화적 제품과 서비스를 개발하고, 이를 마케팅에 활용하고 있습니다.

나. 소비자의 의식 변화

소비자들은 제품을 구매할 때 환경, 사회, 윤리적인 고려 사항을 더 중요하게 생각하고 있습니다. 소비자들은 단순히 제품과 서비스의 품질뿐만 아니라, 그것이 만들어지는 과정과 그에 따른 사회적 영향에 대해 더 큰 관심을 갖고 있습니다. 이로 인해 기업들은 ESG 원칙을 준수하고 이를 강조하여 소비자들의 기대에 부응하려는 압력을 받고 있습니다. 기업들은 이러한 소비자 수요에 부응하기 위해 ESG 마케팅을 채택하고 있습니다.

다. 금융 시장의 관심

이해관계자들, 특히 투자자와 금융 기관들은 ESG 성과를 평가하는 지표를 사용하여 투자 결정을 내립니다. 많은 투자자들은 ESG 성과가 금융 성과에도 영향을 미칠 수 있다고 인식하고 있으며, ESG 기준을 충족하는 기업에 투자를 더 많이 하려는 경향이 있습니다. 따라서 기업은 ESG를 강조함으로써 투자 유치와 금융적 지원을 받는 데 이점을 얻을 수 있습니다. 이로 인해 기업들은 ESG 성과를 개선하고 이를 마케팅에 활용하는 방법을 모색하고 있습니다.

라. 법규와 규제의 강화

다양한 국가와 지역에서 ESG와 관련된 법규와 규제가 강화되고 있습니다. 기업들은 이러한 규정을 준수해야 하며, 이에 대한 준비가 필요합니다. 더 나아가, 규제 준수는 기업의 평판과 법적 책임을 관리하는 데 중요한 역할을 합니다. 기업들은 법적 요구 사항을 준수하고, 이를 활용하여 마케팅 전략을 구축해야 합니다.

마. 사회적 기대 증가

최근 몇 년간, 사회적으로 책임 있는 기업 활동에 대한 관심과 기대가 크게 증가하였습니다. 사회적 이슈와 인권 문제에 대한 민감성이 높아지면서, 기업들은 사회적 책임을 강조하고 다양성과 포용성을 증진하려는 노력을 기울이고 있습니다. 소비자들은 사회적 책임 있는 기업을 선호하며, 이로 인해 기업들은 사회적 가치를 강조하는 마케팅을 채택하고 있습니다.

ESG 마케팅은 현대 비즈니스 환경에서 중요한 역할을 하고 있으며, 이를 통해 기업은 사회적 책임을 강조하고 소비자와 투자자들로부터 긍정적인 평가를 받을 수 있습니다. ESG 마케팅은 기업들이 사회적 책임과 지속 가능성을 강조하며, 소비자들과 이해관계자들에게 긍정적인 메시지를 전달하는 효과적인 전략입니다. 환경, 사회, 지배구조에 대한 책임을 다하고 투명하게 소통하는 기업들은 미래에 더 큰 성공을 거둘 것으로 기대됩니다.

제2절. ESG 마케팅의 역할과 중요성

　기업의 ESG 노력을 알리고 소비자와 투자자의 신뢰를 얻기 위해 ESG 마케팅은 점점 더 중요해지고 있습니다. ESG 마케팅은 기업이 환경, 사회, 지배구조 측면에서의 지속 가능한 경영을 강조하고 소비자들과의 연결을 강화하는 중요한 전략입니다. 이 절에서는 ESG 마케팅의 역할과 중요성에 대해 논의하겠습니다.

제1항. ESG 마케팅의 역할

　ESG 마케팅은 기업의 ESG 노력을 고객과 다른 이해관계자들에게 전달하고 강조하는 역할을 합니다. 다음은 ESG 마케팅의 역할에 대한 몇 가지 중요한 측면입니다.

가. 기업 이미지 개선

　ESG 마케팅은 기업의 이미지를 개선하고 긍정적인 브랜드 인식을 조성하는 역할을 합니다. 기업이 환경친화적이고 사회적으로 책임감 있는 비즈니스를 추구한다는 메시지는 고객들에게 긍정적인 인상을 남깁니다.

나. 고객 유치와 유지

　ESG 마케팅은 기업에게 새로운 고객을 유치하고 기존 고객을 유지하는 데 도움이 됩니다. 많은 소비자들이 지속 가능성을 고려하며 제품과 서비스를 선택하므로, ESG 가치를 강조하는 기업은 경쟁 우위를 점할 수 있습니다.

다. 투자자와의 관계 강화

ESG 마케팅은 투자자들과의 관계를 강화하는 데도 도움이 됩니다. ESG에 관심을 가진 투자자들은 환경적, 사회적, 지배구조적 측면을 고려하여 투자를 결정하므로, 기업이 ESG를 중요하게 생각하고 투자를 유치하기 위해 노력한다는 메시지는 투자자들에게 긍정적으로 다가갈 수 있습니다.

라. 금융 시장에서의 경쟁력 강화

ESG 관련 정보에 대한 수요가 늘어남에 따라, ESG 마케팅은 투자자들에게도 중요한 역할을 합니다. ESG 성과가 높은 기업은 투자자들에게 더 큰 인기를 끌 수 있으며, 금융 시장에서 경쟁 우위를 확보할 수 있습니다.

마. 정부 규제 준수

ESG 마케팅은 기업이 규제를 준수하고 지속 가능성을 강조하는 방법으로, 정부와의 협력을 강화할 수 있습니다.

제2항. ESG 마케팅의 중요성

ESG 마케팅은 다음과 같은 이유로 중요합니다.

가. 법규 준수

많은 국가와 지역에서는 ESG 요소를 고려한 보고서 제출을 의무화하고 있습니다. ESG 마케팅은 기업이 관련 법규와 규제를 준수하고 사회적 책임을 다하는 방법 중 하나입니다. ESG를 강조하는 기업은 불만이나 법적 문제를 최소화하고 긍정적인 이미지를 유지할 수 있습니다.

나. 시장 경쟁력 강화

ESG 마케팅은 기업에게 경쟁 우위를 제공합니다. 지속 가능성을 강조하고 사회적 문제에 대한 민감성을 보이는 기업들은 고객들에게 더 많은 선택지를 제공하며 경쟁에서 성과를 내는 데 도움을 줄 수 있습니다.

다. 지속 가능성 강화

ESG 마케팅은 장기적인 지속 가능성을 위한 핵심 요소입니다. 기업이 환경, 사회, 지배구조에 대한 책임을 강조하고 지속 가능한 비즈니스 모델을 채택하면 경쟁력을 강화하는 데 도움을 줍니다. ESG 마케팅을 통해 기업은 장기적으로 지속 가능한 경쟁력을 확보하고 시장에서 더 나은 위치를 유지할 수 있습니다.

라. 사회적 책임의 표현

ESG 마케팅은 기업이 환경 보호, 사회 문제 해결, 투명한 지배구조 등의 사회적 책임을 어떻게 다루고 있는지를 소비자와 이해관계자들에게 알립니다. 기업은 사회적 책임을 갖는 시민으로서의 역할을 수행하며, 고객과 이해관계자들에게 긍정적인 영향을 미칩니다.

ESG 마케팅은 기업의 지속 가능성을 강조하고, 브랜드 이미지를 형성하며, 이해관계자와의 관계를 강화하는 데 중요한 역할을 합니다. 기업은 환경, 사회, 지배구조 측면에서의 책임을 강조하고 이를 마케팅 전략에 통합함으로써 이미지 개선, 고객 유치와 유지, 투자자와의 관계 강화 등 다양한 이점을 얻을 수 있습니다. 또한, ESG 마케팅은 사회적 책임과 지속가능성을 실현하는 데 중요한 수단으로 작용하며, 기업의 경쟁력을 높이는 데 기여합니다.

제3절. ESG 마케팅의 핵심 원칙

ESG 마케팅은 기업의 ESG 가치를 강조하고 소비자와의 연결을 강화하는 중요한 전략입니다. 이를 통해 기업은 지속 가능성을 증진하고 동시에 소비자와의 긍정적인 관계를 구축할 수 있습니다. 이 절에서는 ESG 마케팅의 핵심 원칙에 대해 논의하겠습니다.

제1항. ESG 마케팅의 핵심 원칙

가. 장기적 비전과 전략

ESG 마케팅은 단기적인 이익을 넘어서 장기적인 비전과 전략을 통해 가치를 창출해야 합니다. 이를 위해 다음과 같은 단계를 고려할 수 있습니다.

(가) 비전과 목표 설정: ESG 마케팅은 기업의 비전과 목표와 연결되어야 합니다. ESG 마케팅의 핵심은 기업의 ESG 비전과 목표를 설정하는 것입니다. 이를 통해 기업은 어떻게 환경, 사회, 지배구조 측면에서 기여할 것인지를 정의하고 명확한 방향을 제시할 수 있습니다.

(나) 이해관계자 참여: ESG 마케팅은 기업과 이해관계자 간의 상호 작용을 강조합니다. ESG 마케팅은 이해관계자를 적극적으로 참여시키는 것이 중요합니다. 이해관계자들의 우려와 기대에 귀를 기울이고, 그들의 피드백을 수용하여 비즈니스 전략을 조정해야 합니다. 이러한 상호 작용은 기업의 ESG 이니셔티브(ESG Initiative)가

현실적이고 효과적인 것으로 만듭니다.

나. 공감과 투명성

ESG 마케팅의 핵심은 소비자와 투자자들에게 기업의 ESG 노력에 대한 공감과 투명성을 제공하는 것입니다. 이를 위해 다음과 같은 방법을 고려할 수 있습니다.

(가) 소비자와 투자자와의 소통 강화: ESG 노력을 효과적으로 전달하고, 기업의 지속 가능성 관련 이니셔티브를 공유하여 관계를 강화합니다.

(나) 투명한 보고: ESG 마케팅은 투명성을 기반으로 합니다. ESG 성과를 정기적으로 보고서와 지속적인 업데이트를 통해 투명하게 전달합니다. 기업은 자사의 ESG 성과를 열고 솔직하게 보여 주어야 합니다. 정보를 왜곡하거나 숨기는 행위는 신뢰를 훼손할 수 있습니다.

다. 지속 가능한 혁신과 제품 개발

ESG 마케팅은 기업의 제품과 서비스에 대한 지속 가능한 혁신을 촉진하는 역할을 합니다. 이를 위해 다음과 같은 방법을 고려할 수 있습니다.

(가) 친환경 제품 및 서비스 개발: 친환경 제품을 개발하고 홍보하여 환경적 영향을 최소화합니다.

(나) 지속 가능한 제품 및 서비스 개발: ESG 마케팅은 단순한 메시지 전달을 넘어 기업의 제품 및 서비스 개발에도 관여합니다. 지속 가능

한 제품과 서비스를 개발하여 기업의 ESG 목표를 실현하는 데 기여합니다.

(다) 사회적 영향 고려: 제품 및 서비스의 사회적 영향을 고려하여 공정한 생산과 소비를 촉진합니다.

라. ESG 브랜드 구축

ESG 마케팅은 브랜드를 구축하고 이를 유지하는 데 중요한 역할을 합니다. 다음과 같은 방법으로 ESG 브랜드를 강화할 수 있습니다.

(가) ESG 가치와 일치하는 브랜드 메시지 개발: 기업의 ESG 노력과 일치하는 브랜드 메시지를 개발하여 소비자에게 전달합니다.

(나) 고객 참여 및 협력: 고객과의 협력은 ESG 마케팅의 핵심입니다. 고객을 ESG 이니셔티브에 참여시키고 그들의 지지를 얻어 내는 것이 중요합니다.

마. 평가와 지속적 개선

ESG 마케팅은 지속적인 개선을 위한 평가와 피드백 과정을 포함해야 합니다. 이를 위해 다음과 같은 접근 방법을 고려할 수 있습니다.

(가) ESG 성과 지표 모니터링: ESG 성과를 정량적으로 측정하고 평가하는 프로세스를 구축해야 합니다. 이를 통해 기업은 성과를 추적하고 개선할 방법을 찾을 수 있습니다.

(나) 개선을 통한 발전: ESG 마케팅은 계속적인 개선을 통해 발전해야

합니다. 시장과 기업의 상황이 변하므로, ESG 전략 역시 조정과 수정이 필요합니다.

제2항. ESG 마케팅의 핵심 원칙 실행 방안

가. 교육과 의식 개선

ESG 마케팅은 고객과 이해관계자의 의식 개선을 위한 교육을 포함해야 합니다. 이를 통해 ESG 이점과 중요성을 설명하고 고객의 인식을 높일 수 있습니다.

나. 스토리텔링(Storytelling)과 커뮤니케이션

ESG 마케팅은 이야기를 통한 커뮤니케이션의 중요성을 강조합니다. 기업은 ESG 노력에 관한 강력한 스토리를 만들고 이를 효과적으로 전달해야 합니다. 기업은 ESG 이니셔티브와 성과를 인간 중심의 이야기로 전달하여 고객과 감정적으로 연결하도록 노력해야 합니다. 이러한 스토리텔링은 소비자들과 감정적 연결을 형성하고 기업의 ESG 노력을 더 인상적으로 만듭니다.

다. 이해관계자와의 협력

ESG 마케팅은 다양한 이해관계자와의 협력을 통해 강화됩니다. 이해관계자는 고객, 투자자, 지역 사회, 정부 기관, 비영리 단체 등 다양한 그룹을 포함합니다. 기업은 이러한 이해관계자와 소통하고 협력하여 ESG 노력을 강화하고 사회적 책임을 실천해야 합니다. 이는 긍정적인 마케팅 메시지와 공공 이미지 형성에 큰 도움이 됩니다.

라. 꾸준한 혁신

ESG 마케팅은 꾸준한 혁신을 필요로 합니다. ESG 마케팅은 단기적인 노력뿐만 아니라 장기적인 비전을 가지고 있어야 합니다. 지속 가능한 제품과 서비스의 혁신은 경쟁 우위를 확보하고 긍정적인 ESG 평판을 구축하는 데 도움이 됩니다. 기업은 지속 가능성과 사회적 책임을 고려하여 제품과 서비스를 개선하고 새로운 기회를 모색해야 합니다. 끊임없는 혁신은 경쟁력을 유지하고 지속 가능한 비즈니스 모델을 구축하는 데 필수적입니다.

마. 법규 준수

ESG 마케팅은 관련 법규와 규정을 준수해야 합니다. 법적 요구 사항을 충족하지 않으면 기업 이미지에 부정적인 영향을 미칠 수 있습니다.

ESG 마케팅의 핵심 원칙은 장기적 비전과 전략, 공감과 투명성, 지속 가능한 혁신과 제품 개발, ESG 브랜드 구축, 연속적 평가와 개선으로 구성됩니다. 이러한 원칙을 준수하면 기업은 사회적 책임과 지속 가능성을 강조하며, 소비자와 투자자들의 신뢰를 구축하고 비즈니스 성과를 향상시킬 수 있을 것입니다.

제4절. ESG와 기업의 환경 책임

환경 문제는 현대 사회에서 점점 더 중요한 이슈로 부각되고 있습니다. 기후 변화, 자원 고갈, 대기 오염 및 해양 오염과 같은 문제들이 우리의 일상생활에 큰 영향을 미치고 있으며 이에 대한 대응이 필요합니다. 기업들은 이러한 환경 문제에 대한 책임을 져야 하며, 소비자의 인식은 이러한 책임을 결정하는 데 중요한 역할을 합니다. 이 절에서는 기업의 환경 책임에 대한 소비자의 인식이 어떻게 변화하고 있는지, 이에 따른 기업들의 전략과 영향을 살펴보겠습니다.

제1항. ESG와 기업의 환경 책임에 대한 소비자의 인식

가. ESG와 기업의 책임

ESG는 기업이 환경적, 사회적, 지배구조적 측면에서 어떻게 운영되는지를 측정하는 표준이자 지표입니다. 기업들은 ESG 원칙을 준수하고 이행함으로써 환경 문제, 사회 문제, 기업 지배구조 문제에 대한 더 나은 통제와 투명성을 유지할 수 있습니다. ESG는 단순히 회사의 이미지를 개선하는 것뿐만 아니라 장기적으로 성공을 위한 필수적인 요소로 간주됩니다.

나. 소비자의 ESG 관심

최근 몇 년 동안, 소비자들은 환경 문제와 사회적 문제에 대한 관심을 높이고 있습니다. 환경 오염, 기후 변화, 사회 불평등 등에 대한 우려가 증가함에 따라 소비자들은 기업들이 이러한 문제에 대한 대응책을 적극적으로 채택하고 있는지를 더욱 주목하고 있습니다.

다. 기업의 환경 책임에 대한 소비자의 인식 변화

환경 문제에 대한 소비자의 인식은 기업의 사회적 책임에 대한 요구로 이어집니다. 소비자들은 기업들이 환경 문제에 대한 해결책을 찾는 데 기여해야 한다고 믿습니다. 기업들은 이제 이러한 사회적 책임을 수용하고, 환경에 대한 긍정적인 영향을 창출하는 방법을 모색하고 있습니다. 이는 환경 보호 활동, 탄소 중립화, 지역 사회에 대한 기여 등으로 나타날 수 있습니다.

라. 소비자들의 환경친화적인 구매

환경 문제에 대한 인식은 소비자의 구매 결정에 큰 영향을 미칩니다. 환경 문제에 민감한 소비자들은 제품 및 서비스를 선택할 때 환경친화적인 옵션을 선호합니다. 재활용 가능한 제품, 친환경 포장, 친환경 에너지 사용 등이 그 예시입니다. 많은 소비자들은 환경에 미치는 영향을 고려하여 제품과 브랜드를 선택하며, 이는 기업들이 ESG 마케팅을 통해 고객을 유치하고 유지하는 데 중요한 역할을 합니다.

제2항. ESG와 기업의 환경 책임에 대한 대응 전략

가. 환경친화적 제품 및 서비스 개발

소비자들은 환경친화적 제품 및 서비스에 대한 수요를 높이고 있습니다. 이는 환경에 미치는 영향을 최소화하고 지속 가능한 생활을 추구하는 데 중요한 부분입니다. 기업은 이러한 수요에 부응하기 위해 제품 및 서비스를 개발하고 마케팅 전략을 구성해야 합니다.

나. 투명성과 책임 의식

소비자들은 기업의 환경 정책과 실천을 믿을 수 있도록 투명성을 요구합니다. 환경친화적인 광고만으로는 소비자의 신뢰를 얻기 어렵습니다. 따라서 기업들은 환경 이니셔티브를 공개하고 성과를 투명하게 보여 줄 필요가 있습니다. 더 나아가, 환경 문제에 대한 잘못된 행동에 대한 책임을 지는 것이 소비자들에게 믿음을 얻는 길입니다.

다. 시장 경쟁력 확보

환경 문제에 대한 소비자의 인식은 기업 간의 경쟁에서도 중요한 역할을 합니다. 소비자들은 환경친화적인 기업을 선호하고, 이에 따라 이러한 기업들은 경쟁에서 우위를 확보할 수 있습니다. 따라서 환경 문제는 기업의 경쟁력을 강화하는 핵심 요소 중 하나로 부상하고 있습니다.

라. 교육과 의식 개선

소비자의 환경 인식을 높이기 위해서는 교육이 필요합니다. 기업들은 환경 문제에 대한 정보를 제공하고, 소비자들을 교육하여 지속 가능한 소비 습관을 촉진해야 합니다.

ESG 마케팅과 기업의 환경 문제에 대한 소비자의 인식은 현대 비즈니스 환경에서 중요한 역할을 합니다. 소비자들의 높은 환경 인식을 고려하여 기업들은 ESG 원칙을 통해 긍정적인 이미지를 구축하고 경쟁 우위를 확보하는 데 중점을 두어야 합니다. 기업들은 ESG를 채택하여 환경 문제에 대한 책임을 다하고, 이를 통해 소비자들과의 긍정적인 상호 작용을 유도할 수 있습니다. 이를 통해 지속 가능한 비즈니스 환경을 조성하고 환경 문제에 대한 공동 노력을 촉진할 수 있습니다.

제5절. ESG와 기업의 사회적 책임

기업의 사회적 책임은 현대 사회에서 매우 중요한 주제 중 하나로 부상하고 있습니다. 기업은 단순히 이윤을 추구하는 조직이 아니라, 사회적, 환경적 측면에서도 책임을 진다는 인식이 높아지고 있습니다. 이러한 기업의 사회적 책임에 대한 관심은 소비자들 사이에서도 커져 가고 있으며, 이에 따라 소비자들의 기업에 대한 인식과 요구도 변화하고 있습니다. 이 절에서는 ESG와 기업의 사회적 책임에 대한 소비자의 인식 간의 상호 작용에 대해 논의하겠습니다.

제1항. ESG와 기업의 사회적 책임에 대한 소비자의 인식

가. 기업의 사회적 책임 요소

소비자들은 기업의 사회적 책임을 다양한 요소를 통해 판단하고 있습니다. 이러한 요소에는 다음과 같은 것들이 포함됩니다.

(가) 환경친화적인 생산: 제품의 생산 과정이 환경에 미치는 영향을 고려합니다. 에너지 효율성, 재활용 가능성, 친환경 재료 사용 등이 중요한 고려 요소입니다.

(나) 노동 조건: 소비자들은 노동자의 권리와 안전을 존중하는 기업을 선호합니다. 어떤 조건에서 제품이 생산되었는지에 대한 투명성이 중요합니다.

(다) 사회적 기부 및 참여: 기업이 사회 공헌 활동을 통해 지역 사회나

사회 문제에 기여하는 것에 대한 인식이 높아지고 있습니다.

나. 기업의 사회적 책임에 대한 소비자의 인식 변화

소비자들은 지속 가능성과 사회적 책임에 대한 관심이 점차 높아지고 있습니다. 이는 환경 문제, 사회 불평등, 윤리적 거버넌스 등과 같은 사회적 이슈들이 공공의식과 소비자의 선택에 큰 영향을 미치고 있기 때문입니다. 소비자들은 제품을 구매하거나 서비스를 이용할 때 기업의 ESG 정책과 실행에 대한 정보를 요구하고, 이를 고려하여 구매 결정을 내립니다.

제2항. ESG와 기업의 사회적 책임에 대한 대응 전략

가. 기업의 사회적 책임에 대한 소비자 영향력

소비자들은 기업의 사회적 책임을 촉진하는 데 큰 역할을 합니다. 구매 결정을 통해 소비자들은 기업들에게 어떤 가치와 원칙을 중요하게 여기는지 보여 줍니다. 소비자들이 사회적 책임을 이행하는 기업을 지원하면서 그 기업을 성장시키고, 반면 사회적 책임을 소홀히 하는 기업은 고객을 잃을 우려가 있습니다.

(가) 구매 결정의 영향: 소비자들은 ESG 기업의 제품 및 서비스를 선택할 때, 해당 기업의 사회적 책임에 대한 정보를 고려합니다. ESG 보고서 및 등급은 소비자들이 결정을 내릴 때 유용한 정보 소스입니다.

(나) 브랜드 충성도: 소비자들은 ESG 기업과 긍정적인 경험을 쌓는 경

우, 해당 브랜드에 대한 충성도를 더 갖게 됩니다. 이로 인해 장기적인 고객 유치와 충성도가 증가합니다.

(다) 가격 탄력성: 소비자들 중 일부는 사회적 책임을 고려하여 가격보다는 브랜드의 사회적 가치를 우선시하며 가격에 민감하지 않을 수 있습니다.

(라) 소비자 교육: ESG 기업들은 소비자 교육을 통해 자신의 사회적 책임을 강조하고, 소비자들이 더 나은 선택을 할 수 있도록 돕고 있습니다.

나. 기업의 이미지와 신뢰도 제고

사회적 책임을 충실히 이행하는 기업은 소비자들에게 높은 신뢰를 얻습니다. 브랜드의 이미지가 사회적 책임과 연결되면 소비자들은 해당 브랜드를 더 선호하게 됩니다. 반면, 사회적 책임을 소홀히 하는 기업은 소비자들의 반감을 일으키고 장기적으로 손해를 입을 수 있습니다.

다. 시장 경쟁력 확보

사회적 책임을 실천하는 기업들은 종종 경쟁 우위를 가집니다. 소비자들은 사회적 가치를 고려하여 제품이나 서비스를 구매하려는 경향이 있으며, 이로 인해 기업은 사회적 책임을 채택하여 브랜드 이미지를 향상시키고 고객을 유치하려고 노력합니다.

라. 소비자와 기업의 협력 확대

기업들은 소비자들과 협력하여 사회적 책임을 더 효과적으로 추진할 수 있습니다. 고객 의견을 수렴하고 투명하게 의사소통하면서 긍정적인 변화를 이끌어 내는 방법을 고려해야 합니다.

ESG 기업의 사회적 책임에 대한 소비자의 인식은 증가하고 있으며, 이는 기업들이 지속 가능한 경영과 사회적 책임을 강조하는 데 중요한 동기 부여 요인 중 하나입니다. 따라서 기업들은 단순히 이익만을 추구하는 것이 아니라, 사회적 책임을 다하는 것이 미래에 기업의 성공을 결정짓는 중요한 요소임을 인식해야 합니다. 이를 통해 기업은 사회적 책임을 실천하는 데 노력함으로써 더 긍정적인 소비자 인식을 얻을 수 있고, 지속 가능한 비즈니스 모델을 구축할 수 있을 것입니다.

더불어 소비자들은 자신의 소비로 기업들을 향한 요구를 명확히 표현하고, 지속 가능하고 윤리적인 비즈니스 모델을 지원하며 사회적 책임을 고려하는 소비 습관을 가질 필요가 있습니다.

제6절. ESG와 기업의 지배구조

기업의 지배구조는 기업 내부에서의 결정과 경영을 어떻게 조직하고 통제하는지에 대한 구조를 의미하며, 이는 기업의 성과와 미래 방향성에 직접적인 영향을 미칩니다. 이 절에서는 소비자의 관점에서 기업의 지배구조에 대한 인식을 살펴보고, 소비자가 왜 이에 대해 관심을 가져야 하는지에 대해 논의하겠습니다.

제1항. ESG와 기업의 지배구조에 대한 소비자의 인식

가. 기업의 지배구조 개념

기업의 지배구조란 기업 내부에서 의사결정의 권한과 책임이 어떻게 분산되고 조직화되는지를 의미합니다. 주요한 구성 요소로는 경영진, 주주, 이사회, 감사위원회, 그리고 외부 감사 등이 있습니다. 이것은 기업이 어떻게 의사결정을 내리고, 이익을 분배하며, 재무 건강을 유지하는지에 대한 중요한 틀을 형성합니다. 일반적으로, 기업의 지배구조는 주주 중심 모델과 이사 중심 모델로 나눕니다.

나. 소비자의 지배구조에 대한 인식 변화

기업의 지배구조는 투명성과 윤리성과 관련된 중요한 요소입니다. 소비자들은 기업의 경영 방식과 의사결정 프로세스에 대한 정보를 필요로 하며, 이러한 정보를 투명하게 제공하는 기업을 선호합니다. ESG 마케팅은 기업의 투명성과 지배구조 개선에 대한 노력을 강조하여 소비자의 신뢰를 얻으려 노력합니다.

제2항. ESG와 기업의 지배구조적 책임에 대한 대응 전략

가. 투명성과 정보 접근성 제고

소비자는 기업의 지배구조에 대한 투명성을 요구합니다. 투명성은 기업이 내부 의사결정 과정과 재무 건강을 공개적으로 보고하는 것을 의미합니다. 소비자는 정보를 통해 기업을 더 잘 이해하고 신뢰할 수 있으며, 이는 장기적으로 기업의 성공과 지속 가능성을 지원합니다. 기업은 투명성을 높이고, 주주 보고서, 지배구조 관련 정보, 지속 가능성 보고서 등을 소비자들에게 쉽게 제공해야 합니다.

나. 소비자의 영향력 인식

소비자들은 기업의 제품과 서비스를 선택할 때, 그 기업의 지배구조와 이에 따른 가치관을 고려할 수 있습니다. 또한, 소비자들은 사회적 압력과 소비력을 통해 기업의 지배구조를 변화시키는 데 영향력을 발휘할 수 있습니다. 제품을 구매하고 서비스를 이용함으로써 소비자는 기업의 성과와 정책에 영향을 미치게 됩니다. 소비자는 더 나은 제품과 서비스를 원하며, 이에 대한 요구는 기업이 경쟁력을 유지하고 성장할 수 있도록 격려합니다.

다. 교육과 의식 개선

소비자들의 기업 지배구조에 대한 인식을 향상시키기 위해 교육이 중요합니다. 정기적인 워크샵, 웹세미나, 정보 블로그, 소셜 미디어 캠페인을 통해 소비자들을 교육하고 의식 개선을 도모할 수 있습니다.

기업의 지배구조와 사회적 책임은 밀접한 관련이 있습니다. 소비자들은 지배구조 개선을 요구하는 운동을 통해 기업에 변화를 촉구할 수 있습니다. 이는 주주 투표, 소비자 보호 단체와의 협력, 활발한 시민 운동 등을 포함합니다.

ESG 마케팅과 기업의 지배구조에 대한 소비자의 인식은 기업들과 소비자들 간의 관계에 큰 영향을 미치고 있습니다. 소비자들이 ESG 원칙을 중요시하고 이를 지키는 기업을 선호하는 경향은 미래에 더욱 더 강화될 것으로 예상됩니다. 따라서 기업들은 ESG 원칙을 효과적으로 실천하고 이를 소비자들에게 전달하는 방법을 지속적으로 개선해야 합니다. 이를 통해 기업은 지속 가능한 경영 모델을 구축하고 미래에 대비할 수 있을 것입니다.

제7절. ESG 마케팅 커뮤니케이션 전략

기업은 ESG를 비즈니스 전략에 통합하고, 제품 판매 및 커뮤니케이션 전략에 ESG 원칙을 효과적으로 통합하기 위해 노력해야 합니다. 이 절에서는 ESG 제품 판촉 및 커뮤니케이션 전략을 개발하고 구현하는 방법에 대해 살펴보겠습니다.

제1항. ESG 제품 판촉 전략

ESG 제품을 판촉할 때, 다음과 같은 몇 가지 핵심 전략을 고려해야 합니다.

가. ESG 제품 개발

ESG 제품 판촉과 커뮤니케이션 전략의 시작은 ESG 원칙을 고려한 제품 개발입니다. 친환경적인 소재, 생산 과정의 친환경성, 제품 수명 주기 등을 고려하여 ESG를 준수하는 제품을 개발해야 합니다.

나. ESG 제품 판매 포인트 강조

ESG 제품을 판매할 때, 그 제품의 ESG 관련 이점을 강조해야 합니다. 예를 들어, 환경친화적인 제품은 탄소 배출을 줄이고 자원 소비를 최소화하여 환경 보전에 기여하는 것으로 소비자에게 설명할 수 있습니다. 또한, 노동 조건 개선 또는 지역 사회 발전에 기여하는 제품은 사회적 가치를 강조할 수 있습니다.

다. 교육 및 인식 증진

소비자들을 ESG의 중요성에 대해 교육하고 인식시키는 것이 중요합니다. 기업은 소비자들이 ESG 제품을 선택할 때 그 이유를 이해하도록 도와야 합니다.

라. 이해관계자와의 상호 작용

ESG 제품을 성공적으로 판촉하려면 이해관계자와의 효과적인 상호 작용이 필요합니다. 다양한 이해관계자를 고려하고, 각각의 관심사와 우려 사항을 이해하며 다음과 같은 전략을 활용할 수 있습니다.

- (가) 투자자: ESG 보고서와 제품의 장기적 가치를 강조하여 투자자의 관심을 끌 수 있습니다.
- (나) 고객: 제품의 ESG 이점을 고객에게 보여 주고 브랜드 이미지를 강화합니다.
- (다) 사회적 이해관계자: 지역 사회와의 협력 및 지원을 통해 긍정적인 사회적 영향을 창출합니다.

제2항. ESG 제품 커뮤니케이션 전략

ESG 제품의 커뮤니케이션은 다음과 같은 점을 감안해야 합니다.

가. 목표 그룹 식별

ESG 커뮤니케이션 전략의 핵심은 어떤 그룹을 대상으로 할 것인지 식

별하는 것입니다. 투자자, 고객, 사회 단체 등 다양한 이해관계자에게 다른 메시지와 정보가 필요할 수 있습니다.

나. 명확하고 투명한 커뮤니케이션

ESG 커뮤니케이션은 투명성과 신뢰를 기반으로 해야 합니다. 소비자와 투자자에게 어떻게 ESG 원칙을 준수하고 있는지에 대한 정보를 제공합니다. 기업은 ESG 관련 정보를 정기적으로 공개하고, 인증 기관의 평가나 보고서를 활용하여 믿음직스러운 정보를 제공해야 합니다.

다. 다양한 커뮤니케이션 채널 활용

ESG 정보를 전달하는 다양한 커뮤니케이션 채널을 활용해야 합니다. 웹사이트, 보도자료, 소셜 미디어, 이메일 뉴스레터 등을 통해 다양한 방식으로 정보를 전달하고, 이해관계자들과 상호 소통할 수 있는 기회를 제공해야 합니다.

라. 성과 측정과 개선

ESG 제품 판촉과 커뮤니케이션 전략의 성과를 측정하고 개선하는 것이 중요합니다. 피드백을 수집하고, 기업의 ESG 원칙 준수를 평가하여 계속적인 개선을 추진해야 합니다.

마. 교육과 인내

ESG 제품을 이해하는 데 시간이 걸릴 수 있습니다. 이를 위해 교육적 측면을 강화하고 인내심을 가지며 지속적으로 노력해야 합니다. 이해관계자들을 ESG 관련 주제에 대해 교육하고 제품의 장점을 보다 명확하게 이해시키는 것이 중요합니다.

ESG 제품 판촉 및 커뮤니케이션은 기업의 지속 가능성을 강조하고 소비자와 투자자의 관심을 끌기 위한 중요한 전략입니다. ESG를 고려한 제품을 개발하고 투명하고 감동적인 커뮤니케이션을 통해 기업의 목표 달성에 기여할 수 있습니다.

ESG 원칙을 준수하고, 이를 제품 판매와 커뮤니케이션에 통합함으로써 기업은 더 높은 수준의 지속 가능성과 사회적 책임을 달성할 수 있습니다. 투자자와 소비자의 신뢰를 얻고, 긍정적인 영향을 창출하는 동시에 기업의 장기적인 성공을 지원하는 핵심 전략으로 ESG를 고려해야 합니다.

제8절. ESG 마케팅과 윤리적 고려 사항

ESG 마케팅은 기업이 환경, 사회, 지배구조와 관련된 가치 및 실천을 강조하여 고객과 사회에 긍정적인 영향을 미치려는 노력입니다. 그러나 ESG 마케팅을 효과적으로 구현하기 위해서는 윤리적 고려 사항을 깊게 고민하고 준수해야 합니다. 이 절에서는 ESG 마케팅의 윤리적 고려 사항에 대해 논의하겠습니다.

가. 진실성과 투명성

ESG 마케팅에서 가장 중요한 원칙 중 하나는 투명성과 진실성입니다. 기업은 자신의 ESG 노력을 정확하게 전달해야 하며, 어떠한 과장도 없어야 합니다. 소비자들은 거짓 정보에 미묘하게 반응하며, 이로 인해 기업의 신뢰도가 훼손될 수 있습니다. 따라서 ESG 정보와 성과를 정확하게 전달하고, 투명성을 유지해야 합니다.

나. 사회적 가치 창출

ESG 마케팅은 단순한 홍보가 아니라 실질적인 사회적 가치 창출을 목표로 해야 합니다. 기업은 환경적, 사회적 문제에 대한 해결책을 제공하고, 그 결과를 소비자들과 공유함으로써 사회적 책임을 다해야 합니다. 이것은 단순한 마케팅 전략이 아니라 실질적인 사회 참여와 지원을 의미합니다. 사회적 프로젝트, 기부 활동, 지역 사회에 대한 투자 등을 통해 사회적 책임을 이행해야 합니다.

다. 그린워싱(Greenwashing) 방지

"그린워싱(Greenwashing)"은 환경친화적인 이미지를 가장하기 위해 실제로는 노력하지 않는 기업의 행동을 의미합니다. 그린워싱은 기업이 환경과 사회적 책임을 내세워 마치 더 친환경적이고 사회적으로 책임감 있는 기업인 것처럼 소비자들을 현혹시키는 행위를 가리킵니다. 윤리적인 ESG 마케팅을 위해서는 그린워싱을 방지해야 합니다. 기업은 자사의 노력과 결과를 정확하게 표현하고, 명확한 증거를 제시해야 합니다.

라. 완충(Dampening) 효과 방지

ESG 마케팅이 댐프닝 효과를 일으키지 않도록 주의해야 합니다. 댐프닝 효과란 소비자들이 지속 가능성과 사회적 책임에 대한 지루함을 느끼는 현상을 가리킵니다. 이를 방지하기 위해 다양한 방법으로 ESG 메시지를 제공하고 소비자들의 참여를 유도해야 합니다.

마. 환경 보호와 지속 가능성

ESG 마케팅은 환경 보호 및 지속 가능성에 대한 확고한 약속을 요구합니다. 기업은 환경친화적 제품 및 서비스를 개발하고, 탄소 배출량을 줄이는 노력을 보여야 합니다. 그러나 이러한 노력이 효과적이고 실제적이어야 합니다. ESG 마케팅은 단기적인 목표보다는 장기적인 가치를 강조해야 합니다. 기업은 지속 가능한 비즈니스 모델과 고객과의 지속적인 관계를 구축하는 것을 목표로 하며, 단기적인 이익을 추구하지 않아야 합니다.

바. 다양성과 인크루전(Inclusion)

ESG 마케팅은 다양성과 포용성을 존중해야 합니다. 균등한 기회 제공과 다양한 인종, 성별, 성적 지향, 장애 여부 등을 고려한 사회적 민주주의가 반영돼야 합니다. 또한 사회 문제에 대한 명확하고 일관된 입장을 표명해야 합니다. 이를 통해 기업은 포용적이고 더 나은 사회를 지향하는 데 기여할 수 있습니다.

사. 평가와 개선

ESG 마케팅을 효과적으로 실행하려면 지속적인 모니터링과 평가가 필요합니다. 기업은 자체 ESG 성과를 평가하고 개선할 수 있는 방법을 탐구해야 합니다. 어떤 마케팅 활동이 환경이나 사회에 미치는 영향을 신중하게 평가하고, 이러한 영향을 최소화하거나 긍정적으로 활용하는 방안을 모색해야 합니다. 또한 이러한 정보를 이용해 고객과 이해관계자와의 소통을 강화해야 합니다.

아. 이해관계자와의 협력

ESG 마케팅은 기업과 이해관계자 간의 협력을 강조해야 합니다. 이해관계자들의 의견과 우려를 듣고, 그들의 기여를 환영하며, 투명하게 소통해야 합니다. 이러한 협력은 윤리적 마케팅의 핵심입니다.

자. 교육과 의식 확산

ESG 마케팅은 소비자와 직원들에게 ESG 원칙에 대한 교육과 의식 확산을 장려해야 합니다. 이러한 노력은 더 큰 ESG 원칙을 존중하고 준수하는 문화를 조성하는 데 도움을 줄 것입니다.

ESG 마케팅은 기업의 지속 가능성과 사회적 책임을 강조하는 중요한 전략입니다. 투명성, 진실성, 그린워싱 방지, 사회적 가치 창출, 댐프닝 효과 방지, 지속 가능한 혁신 등의 원칙을 준수하여 ESG 마케팅을 효과적으로 수행하고, 기업과 소비자 모두에게 긍정적인 영향을 미칠 수 있도록 노력해야 합니다. 그러나 이러한 노력을 윤리적으로 이행하려면 투명성, 사회적 참여, 환경 보호, 다양성 존중, 지배구조 개선 및 지속적인 평가와 개선에 주의를 기울여야 합니다.

제3장

MZ 세대와 ESG 마케팅

제1절. MZ 세대와 ESG의 연관성

MZ 세대는 ESG 관련 문제에 대한 관심이 높고, 이러한 가치를 존중하고 실천하는 기업에 대해 더 큰 지지를 보내고 있습니다. 이들은 기업의 비즈니스 모델과 가치관을 적극적으로 조사하며, 끊임없이 변화하는 시장에서 지속 가능한 소비와 투자에 중점을 두고 있습니다. 이 절에서는 MZ 세대 소비자와 ESG 기업 간의 연관성에 대해 논의하고, 이 연관성이 어떻게 기업들의 비즈니스 전략에 영향을 미치는지 살펴보겠습니다.

제1항. MZ 세대와 ESG 기업

가. MZ 세대와 ESG의 연관성

MZ 세대는 지속 가능한 제품 및 서비스에 높은 가치를 두며, 환경을 보호하고 사회적으로 책임 있는 기업을 선호합니다. 그들은 기업의 ESG 노력을 주의 깊게 살피며, 이러한 노력이 제품 가격이나 품질에 영향을 미치지 않는 한 기업에 대한 충성도를 표현합니다. MZ 세대 소비자의 이러한 행동은 기업들에게 ESG 원칙을 채택하고 이행하는 동기를 부여하고 있습니다.

(가) 환경 의식: MZ 세대는 환경 보호에 대한 관심이 높습니다. 기후 변화와 자연자원의 고갈에 대한 우려가 커지면서, 이들은 친환경 제품과 지속 가능한 브랜드를 선호합니다. 기업들이 친환경적인 제품과 환경적 책임을 강조할 때 MZ 세대 소비자의 호감을 얻을 수 있습니다.

(나) 사회적 책임: MZ 세대는 사회적 문제에 대한 민감성이 높습니다. 그들은 인종 평등, 사회적 정의, 공정한 노동 조건 등에 대한 이슈에 관심을 가지며, 기업들이 사회적 책임을 다하고 공정한 사회를 구축하는 데 기여하는 기업을 선호합니다.

(다) 지배구조: MZ 세대는 기업의 투명성과 윤리적 경영에 대한 중요성을 이해합니다. 기업의 지배구조와 윤리적 행태에 대한 투명한 정보를 요구하며, 이를 통해 기업의 신뢰도를 평가합니다.

나. MZ 세대와 ESG 기업의 연관성

MZ 세대의 소비 습관과 ESG 기업의 사회적 책임은 긍정적으로 상호작용합니다. MZ 세대는 환경 문제와 사회적 문제에 대한 높은 관심을 가지고 있으며, 이러한 가치를 반영하는 제품과 서비스를 찾습니다. 따라서 ESG 기업은 MZ 세대의 관심을 끌고, 이들의 신뢰와 충성을 얻을 수 있는 기회를 제공합니다. 더불어, MZ 세대의 활발한 소셜 미디어 활동은 ESG 기업의 메시지를 빠르게 확산시키고, 브랜드 인지도를 높일 수 있습니다.

(가) 환경 보호에 대한 높은 관심: MZ 세대는 환경 보전에 대한 관심이 높습니다. 기후 변화와 환경 파괴에 대한 우려가 지속적으로 증가하고 있으며, 이로 인해 친환경 제품 및 서비스에 대한 수요가 증가하고 있습니다. ESG 기업은 친환경적인 사업 모델과 환경에 대한 책임감을 강조하며 MZ 세대 소비자들의 기대에 부응하고 있습니다.

(나) 사회적 가치 중시: MZ 세대는 사회적 공정성과 다양성을 높이 중요시합니다. 인권, 사회적 정의, 다양성 및 포용성과 관련된 문제에 대한 민감성이 높으며, 이러한 가치를 존중하고 실천하는 기업에 긍정적으로 반응합니다. ESG 기업은 사회적 책임을 강조하고 다양성과 포용성을 증진시키는 노력을 기울이며, MZ 세대 소비자들의 지지를 받고 있습니다.

제2항. MZ 세대와 ESG 기업 간의 상호 작용

MZ 세대 소비자들의 ESG 가치에 부합하는 기업들은 경쟁 우위를 확보할 수 있습니다. 다음은 그 이유입니다.

가. 시장 기회 확대

MZ 세대 소비자들의 ESG 관심은 새로운 시장 기회를 열고 있습니다. 친환경 제품 및 서비스에 투자하고 사회적 책임을 적극적으로 실천하는 기업들은 MZ 세대 시장에서 경쟁 우위를 점할 수 있습니다.

나. 투자와 협력 기회 확대

MZ 세대의 ESG 관련 가치에 부합하는 기업들은 투자와 협력 기회를 더욱 확대할 수 있습니다. 금융 기관과 협력 관계를 구축하거나 ESG 투자자들로부터 자금을 유치하는 기회를 얻을 수 있습니다. ESG를 준수하는 기업들은 투자자들로부터 더 많은 자금을 유치할 가능성이 높습니다. 투자자들은 기업의 사회적 책임과 지속 가능성에 대한 정보를 요구하며, 이에 부응하는 기업들은 자본 시장에서 유리한 위치를 유지할 수 있습니다.

다. 기업의 이미지 제고

MZ 세대 소비자들은 기업의 ESG 노력에 대한 정보를 쉽게 얻을 수 있고, 이 정보가 기업 평판에 큰 영향을 미칩니다. ESG 기업들은 친환경 및 사회적 책임을 강조함으로써 긍정적인 기업 명성을 구축할 수 있습니다. MZ 세대는 이러한 기업에 대한 신뢰를 가지며 자주 선택합니다. ESG 기업의 높은 평판은 소비자들의 신뢰를 얻고, 장기적으로 매출 증가와 이익 증가로 이어질 수 있습니다. ESG 원칙을 따르는 기업들은 긍정적인 브랜드 이미지를 구축할 수 있습니다. 이는 장기적으로 고객들의 충성도를 유지하고 확장하는 데 도움이 됩니다.

MZ 세대 소비자와 ESG 기업 간의 연관성은 점점 더 중요해지고 있으며, 이는 비즈니스 모델과 투자 환경에 큰 변화를 가져오고 있습니다. MZ 세대는 환경과 사회적 가치에 대한 민감성이 높으며, 기업들은 이를 존중하고 실천함으로써 이들의 지지를 받을 수 있습니다. ESG 기업은 브랜드 명성을 향상시키고 경쟁 우위를 확보할 수 있으며, MZ 세대와의 긍정적인 관계를 구축하여 비즈니스 성과를 향상시킬 수 있습니다. 따라서, MZ 세대 소비자와 ESG 기업 간의 연관성은 기업들이 미래에 성공하기 위해 고려해야 할 핵심 요소 중 하나입니다.

제2절. MZ 세대와 ESG 마케팅의 역할과 중요성

21세기의 마케팅 환경은 끊임없이 변화하고 있으며, 새로운 소비자 세대인 MZ 세대의 등장으로 인해 기업들은 이전과는 다른 전략을 채택해야 합니다. 이 절에서는 MZ 세대 소비자와 ESG 마케팅의 상호 작용에 대해 살펴보고, 이 두 요소가 어떻게 기업의 성공에 중요한 역할을 하는지에 대해 논의하겠습니다.

제1항. MZ 세대와 ESG 마케팅

가. MZ 세대와 ESG 마케팅의 연관성

MZ 세대 소비자들은 ESG 원칙을 실천하는 기업과 제품을 선호합니다. 이들은 제품의 생산과 브랜드의 홍보에 있어서 환경적 영향, 사회적 영향, 투명한 지배구조를 고려하는 기업을 더욱 긍정적으로 평가합니다. 따라서, MZ 세대 소비자들을 타겟으로 하는 기업은 ESG 마케팅을 통해 이들의 관심을 끌고 그들의 요구에 부응해야 합니다.

나. MZ 세대 소비자와 ESG 마케팅의 교차점

(가) 가치 관점: MZ 세대는 환경 보호, 인권, 다양성 및 공정한 경제에 대한 가치를 중요시하며, 이러한 가치를 반영하는 기업에 긍정적으로 반응합니다. ESG 마케팅은 이러한 가치를 강조하고 소비자와의 공감대를 형성합니다.

(나) 브랜드 신뢰도: MZ 세대는 기업의 사회적 책임을 중요하게 보고, 이러한 책임을 다하는 기업에 대한 신뢰를 더 많이 갖습니다. ESG 마케팅은 기업의 사회적 책임을 강조하며, 브랜드의 신뢰도를 향상시킵니다.

(다) 소셜 미디어 영향: MZ 세대는 소셜 미디어를 빈번하게 사용하며, 기업의 ESG 노력을 소셜 미디어를 통해 공유하고 브랜드와 소통합니다. 이는 브랜드의 가시성을 높이고 소비자와의 연결을 강화합니다.

다. MZ 세대와 ESG 마케팅의 상호 작용

(가) 소비자의 기업에 대한 기대: MZ 세대는 기업에 대한 높은 기대를 갖고 있습니다. 환경 문제와 사회 문제에 민감하게 반응하며, 이러한 문제에 대한 해결책을 기업에게 요구합니다. ESG 마케팅은 이러한 요구를 충족시키고 소비자의 신뢰를 얻을 수 있는 방법 중 하나입니다.

(나) 브랜드 이미지 강화: ESG 마케팅은 기업의 사회적 책임감을 강조하며 브랜드 이미지를 개선할 수 있습니다. MZ 세대 소비자들은 이러한 브랜드에 긍정적으로 반응하며, 장기적으로 충성도를 유지합니다.

(다) 사회적 영향력 활용: MZ 세대는 소셜 미디어를 통해 의견을 나누고 영향력을 행사하는 경향이 있습니다. ESG 마케팅은 이러한 영향력을 활용하여 기업의 책임감을 대중에게 홍보하는 효과적인 방

법이 될 수 있습니다.

제2항. MZ 세대와 ESG 마케팅의 중요성

ESG 마케팅은 단순한 트렌드가 아니라 장기적인 비즈니스 성공을 위한 필수적인 요소가 되고 있습니다. 기업은 ESG 원칙을 준수하고 이를 고객과 공개적으로 공유함으로써 브랜드 이미지를 향상시키고 신뢰를 쌓을 수 있습니다. 이는 고객 충성도를 높이고 장기적인 수익을 창출하는 데 도움이 됩니다.

가. 시장 경쟁력 강화

ESG 마케팅은 기업의 차별화된 경쟁력을 강화할 수 있습니다. MZ 세대 소비자들은 ESG에 대한 관심이 높기 때문에, 이를 충족시키는 기업은 시장에서 더욱 경쟁력을 확보할 수 있습니다. 소비자들은 윤리적이고 사회적으로 책임감 있는 기업을 선호하며, 이는 브랜드에 대한 긍정적인 평가와 매출 증가로 이어질 수 있습니다.

나. 긍정적인 PR 효과

ESG 노력은 양질의 언론 보도와 긍정적인 PR을 유발합니다. 이는 브랜드의 가치를 높이고 소비자들에게 더 긍정적으로 인식되도록 도와줍니다. 기업이 사회적 가치를 실천하고 환경에 대한 책임을 다하면, 장기적으로 브랜드의 명성을 향상시키고 고객 충성도를 구축할 수 있습니다.

다. 지속 가능한 비즈니스 모델 구축

ESG 마케팅은 지속 가능한 비즈니스 모델을 구축하는 데 도움을 줍니다. 기업이 환경과 사회에 대한 책임을 다하면 장기적으로 더 안정적인 비즈니스 환경을 조성할 수 있습니다.

라. 법적 규제 준수

많은 국가와 지역에서는 기업의 ESG 노력을 강제하고 규제하고 있습니다. ESG 마케팅은 기업이 법적 규제를 준수하고 위반을 방지하는 데 도움이 됩니다.

MZ 세대 소비자와 ESG 마케팅은 현대 비즈니스 환경에서 중요한 역할을 합니다. MZ 세대의 특징과 가치관을 이해하고, ESG 원칙을 기반으로 한 마케팅 전략을 수립하는 것은 기업의 성공과 사회적 책임을 동시에 추구하는 중요한 도전과 기회입니다. 이러한 노력은 미래에 걸쳐 기업의 성장과 지속 가능성을 확보하는 데 도움이 될 것입니다.

제3절. MZ 세대와 ESG친환경 제품 및 서비스

MZ 세대는 소비 패턴을 변화시키고 ESG에 대한 관심을 높이고 있습니다. 이 두 세대는 환경 문제와 사회적 책임에 대한 민감성을 갖고 있으며, 이러한 가치관을 반영하는 제품과 서비스에 대한 수요가 증가하고 있습니다. 따라서 기업은 MZ 세대 소비자를 대상으로 ESG 친환경 제품 및 서비스를 개발하는 전략을 구상해야 합니다. 이 절에서는 MZ 세대와 ESG 친환경 제품 간의 상호 작용을 탐구하고 이를 기반으로 한 제품 및 서비스 개발 전략을 살펴보겠습니다.

제1항. MZ 세대와 ESG 친환경 제품

가. ESG의 중요성

ESG는 환경(Environmental), 사회(Social), 지배구조(Governance)의 약어로, 기업이 환경 보호, 사회적 책임, 투명한 경영 구조를 어떻게 관리하고 실행하는지를 평가하는 지표입니다. MZ 세대와 같은 소비자들은 제품과 서비스를 구매할 때 이러한 ESG 요소를 고려하며, 기업의 ESG 성과가 제품 구매 결정에 영향을 미칩니다.

나. ESG 친환경 제품 및 서비스의 중요성

ESG 친환경 제품 및 서비스는 환경 및 사회적 측면에서 지속 가능한 영향을 추구하는 제품과 서비스를 의미합니다. 이러한 제품과 서비스는 MZ 세대를 중심으로 한 소비자들에게 매력적이며, 다음과 같은 이유로 중요합니다.

(가) 소비자 수요: MZ 세대의 환경 및 사회 관심으로 인해 친환경 제품
과 서비스에 대한 수요가 높아지고 있습니다.

(나) 브랜드 가치: 친환경 제품과 서비스를 제공하는 기업은 환경과 사회
에 대한 책임감을 강조하며 브랜드 가치를 향상시킬 수 있습니다.

(다) 규제 요구: 많은 국가와 지역에서는 환경 및 사회적 책임을 강조하
는 규제가 강화되고 있으며, 이를 준수하기 위해 친환경 제품과 서
비스를 개발해야 합니다.

제2항. ESG 친환경 제품 및 서비스 개발 전략

가. 환경친화적 제품 개발

MZ 세대는 기후 변화에 대한 우려를 가지고 있으며, 환경친화적 제품
에 큰 관심을 두고 있습니다. 기업은 생산과 제품 사용 단계에서의 탄소
배출을 줄이는 노력을 하고, 재생 가능 에너지 및 재활용 가능한 자원을
활용하는 것이 중요합니다. 또한, 제품 수명을 연장하고 친환경적 재료를
사용하여 제품의 지속 가능성을 강조해야 합니다.

나. 환경친화적 제품 디자인

기업은 환경친화적인 제품을 개발하기 위해 재생 가능한 자원 및 재활
용 가능한 재료를 사용하는 디자인을 채택해야 합니다. 또한, 에너지 효율
적인 생산과 사용을 고려해야 합니다.

다. 지속 가능한 생산 및 공급망 관리

환경친화적 제품을 만들기 위해서는 생산과 공급망을 지속 가능하게 관리해야 합니다. 불필요한 에너지 소비를 줄이고 친환경 운송 방법을 채용하는 등의 노력이 필요합니다.

라. 투명한 경영

지배구조 및 투명한 경영은 기업의 신뢰도를 높이는 데 중요한 역할을 합니다. 기업은 재무 정보, 환경 성과, 사회 프로그램에 대한 투명한 보고를 통해 MZ 세대에게 신뢰를 줘야 합니다. 또한, ESG 성과를 개선하기 위한 계획과 노력을 소비자에게 알리는 것이 중요합니다.

MZ 세대 소비자를 위한 ESG 친환경 제품 및 서비스 개발은 기업의 성공과 지속 가능성을 확보하는 핵심 전략 중 하나입니다. MZ 세대의 가치관과 관심사를 반영하며, 환경, 사회, 지배구조 측면에서 ESG를 실현함으로써 기업은 경쟁력을 강화하고 긍정적인 사회적 영향을 창출할 수 있습니다. ESG에 대한 민감성을 가진 이 세대와 협력하여 지속 가능한 미래를 구축하고, 동시에 기업의 성장과 수익성을 높일 수 있습니다. 이러한 노력은 기업의 이미지 향상과 고객의 충성도 증대에 기여할 것입니다.

제4절. MZ 세대와 ESG 마케팅 커뮤니케이션

21세기의 마케팅 환경은 기업들에게 더 많은 책임을 요구하고 있습니다. 특히, MZ 세대 소비자들은 ESG에 대한 이해와 관심을 높이고 있으며, 이러한 가치를 중요하게 생각합니다. 이 절에서는 MZ 세대 소비자를 대상으로 하는 기업들을 위한 ESG 마케팅 커뮤니케이션 전략에 대해 논의하겠습니다.

제1항. MZ 세대를 위한 ESG 마케팅 전략

가. ESG 원칙의 통합

ESG 원칙을 기업의 핵심 가치와 브랜딩에 통합하는 것이 중요합니다. 이러한 원칙을 중심에 두지 않는 ESG 마케팅은 MZ 세대에게 인위적으로 느껴질 수 있습니다. 따라서 기업은 환경친화적 제품 개발, 사회적 책임 프로젝트에 참여, 다양성과 포용성을 존중하는 조직 문화를 구축하는 등 ESG 원칙을 실천하고 이를 소비자에게 자연스럽게 전달해야 합니다.

나. 디지털 마케팅 활용

MZ 세대는 주로 온라인에서 정보를 얻고 소통합니다. 기업은 소셜 미디어, 블로그, 온라인 광고를 통해 ESG 활동을 홍보하고 MZ 세대와의 상호 작용을 촉진해야 합니다. 또한 가상 현실(VR) 또는 증강 현실(AR)과 같은 혁신적인 디지털 플랫폼을 활용하여 더욱 현실감 있는 경험을 제공할 수 있습니다.

다. 스토리텔링을 통한 감동

MZ 세대는 이야기와 감정에 반응하는 경향이 있습니다. 기업은 ESG 활동과 관련된 강력한 이야기를 개발하고 이를 마케팅 커뮤니케이션에 효과적으로 활용해야 합니다. 이러한 이야기는 고객과 브랜드 간의 감정적 연결을 촉진하고 브랜드 충성도를 구축하는 데 도움이 됩니다.

라. 참여와 상호 작용 촉진

MZ 세대 소비자들과의 상호 작용을 촉진하는 전략은 중요합니다. 소비자들은 자신의 의견을 듣고 기업의 ESG 노력에 참여하고 싶어 합니다. 소셜 미디어와 온라인 플랫폼을 활용하여 이러한 상호 작용을 증진할 수 있습니다.

제2항. MZ 세대를 위한 ESG 마케팅 커뮤니케이션 전략

가. ESG를 브랜드 가치의 핵심으로 강조

기업은 ESG를 브랜드 가치의 일부로 통합해야 합니다. MZ 세대 소비자들은 환경보호, 사회적 공헌, 공정한 거버넌스에 가치를 둡니다. 이러한 가치를 브랜드 메시지와 제품에 반영하여 소비자들과 공감대를 형성해야 합니다.

나. 투명성과 진솔한 의사 소통

MZ 세대 소비자들은 기업에게 투명한 정보와 진솔한 의사 소통을 기대합니다. 기업은 자사의 ESG 노력과 성과를 공개하고, 이를 적극적으로 커뮤니케이션하여 신뢰를 구축해야 합니다. 거짓 정보나 과장된 주장은 믿음을 훼손할 수 있으므로 피해야 합니다. 이것은 기업의 행동과 결과를 소비자와 공유하고, 미디어 및 독립 기관의 감사를 통해 입증하는 것을 의미합니다. MZ 세대는 기업에 대한 믿음과 신뢰를 중요하게 여기며, 투명성이 이를 구축하는 핵심입니다.

다. 시장 세분화, 타겟팅, 포지셔닝

MZ 세대는 다양한 관심사와 가치관을 가진 광범위한 그룹으로 구성됩니다. 따라서, ESG 마케팅 커뮤니케이션 전략은 세분화되고 타겟팅되어야 합니다. 예를 들어, 환경에 관심이 많은 MZ 세대 회원들을 대상으로 한 커뮤니케이션은 환경 보호와 관련된 제품이나 이니셔티브를 강조해야 합니다.

라. 디지털 플랫폼 활용

MZ 세대는 디지털 네이티브이며, 주로 소셜 미디어와 온라인 플랫폼을 활발하게 이용합니다. 따라서, 기업은 이러한 디지털 채널을 효과적으로 활용하여 ESG 메시지를 전달해야 합니다. 비디오 콘텐츠, 소셜 미디어 캠페인, 인플루언서 협력 등을 통해 MZ 세대와 소통할 수 있는 기회를 찾아야 합니다.

마. 커뮤니티 참여와 사회 기여

기업은 MZ 세대의 사회 참여에 기여할 수 있는 방법을 찾아야 합니다. 지역 사회와의 협력, 자선 활동, 봉사활동 등을 통해 기업의 사회적 책임을 실천하고 MZ 세대와의 긍정적 관계를 유지할 수 있습니다.

바. 교육과 인증

MZ 세대는 ESG에 대한 교육을 중요시하며, 제품이나 서비스의 ESG 인증을 검토합니다. 따라서 기업은 소비자들에게 ESG에 대한 교육 자료를 제공하고, 독립적인 인증 기관으로부터의 ESG 인증을 받아야 합니다.

MZ 세대를 대상으로 하는 ESG 마케팅 커뮤니케이션은 기업의 장기 성장과 브랜드의 신뢰성을 강화하는 중요한 전략입니다. 이들 소비자 그룹은 ESG 원칙을 중요하게 생각하며, 이를 실천하고 투명하게 전달하는 기업을 선호합니다. 따라서 MZ 세대를 고객으로 유치하고 유지하기 위해서는 ESG 원칙을 기반으로 한 마케팅 전략을 수립하고 실행하는 것이 필수적입니다. 이를 통해 기업은 MZ 세대의 신뢰를 얻고, 브랜드의 장기적인 성공을 보장할 수 있을 것입니다.

제5절. MZ 세대와 ESG 기업의 협력 및 파트너십

기업들은 MZ 세대와의 관계를 발전시키고, ESG 원칙을 준수하며 소비자의 기대에 부응하는 제품을 개발하는 전략을 채택하고 있습니다. 이에 기업들은 MZ 세대와의 협력 및 파트너십을 구축하여 ESG 제품을 개발하고 공급하는 전략을 마련해야 합니다. 이 절에서는 MZ 세대 소비자와 협력하고 ESG 제품을 개발하는 전략과 파트너십 구축 방법을 살펴보겠습니다.

제1항. MZ 세대와 ESG 기업의 협력

MZ 세대 소비자와의 협력은 중요한 요소입니다. 기업은 소비자 의견을 수렴하고 제품 개발 과정에 그들을 참여시켜야 합니다. 피드백을 수용하고 개선하는 능력은 MZ 세대 소비자와의 관계를 강화할 수 있는 기회입니다.

가. 연구 및 인사이트 공유

MZ 세대와 협력하여 그들의 요구에 맞는 ESG 제품을 개발할 수 있도록 연구 및 개발 파트너십을 구축합니다. 이를 통해 더 나은 제품을 만들고 소비자들의 기대를 충족시킬 수 있습니다. MZ 세대와의 협력을 시작하기 위해서는 그들의 요구와 우선순위를 이해하는 것이 필수입니다. 기업은 설문조사, 포커스 그룹 등을 통해 MZ 세대의 의견을 수집하고 그들의 관심사를 파악해야 합니다.

나. 소비자 참여한 제품 개발 팀 구성

MZ 세대와 협력하기 위한 특별한 제품 개발 팀을 구성하는 것이 좋습니다. 이 팀은 MZ 세대의 의견을 반영하고, ESG 제품을 개발하고 시장에 출시하는 역할을 맡습니다. 이 과정에서 MZ 세대의 의견을 수렴하고 그들을 제품 개발과 브랜딩에 참여시키는 것이 중요합니다. 소비자의 다양한 관점을 반영하여 제품을 개선하고 새로운 아이디어를 도입할 수 있습니다.

다. 공동 개발 프로젝트 추진

MZ 세대와의 협력은 공동 개발 프로젝트를 통해 깊게 협력할 수 있는 기회를 제공할 수 있습니다. 이 프로젝트에서 MZ 세대의 피드백을 수용하고, 제품 디자인, 재료 선택, 생산 방식 등을 고려하여 제품을 개발합니다.

라. 소비자 교육과 커뮤니케이션

MZ 세대 소비자에게 ESG 제품의 가치를 설명하고 커뮤니케이션하는 것이 중요합니다. 기업은 제품의 ESG 기여와 관련된 정보를 투명하게 공개하고, 소비자에게 그 중요성을 전달해야 합니다. MZ 세대 소비자들이 기업의 노력을 이해하고 지지할 수 있도록 투명하게 소통해야 합니다.

제2항. MZ 세대와 기업의 ESG 제품 개발 협력

ESG 제품은 환경적 영향을 최소화하고 사회적 이익을 창출하는 제품입니다. 이러한 제품을 개발하기 위해서는 환경친화적인 재료와 생산 과정을 사용하고, 사회적 이슈에 대한 고려가 반영되어야 합니다. 또한 제품의 수명 주기를 고려하여 재활용과 재사용을 촉진해야 합니다.

가. ESG 가치 적극적으로 내세우기

기업은 제품의 ESG 측면을 강조하고 홍보해야 합니다. 이는 제품 개발 초기부터 고려되어야 하며, 환경친화적인 소재 및 생산 방식, 사회적 책임 프로그램, 투명한 지배구조 등을 강조하는 제품 개발 전략을 구축해야 합니다.

나. 재료 및 공정 개선

ESG 제품을 개발하기 위해서는 환경에 친화적인 재료와 생산 공정을 사용해야 합니다. 재생 가능 에너지를 활용하고 재활용 가능한 재료를 선택하는 것이 중요합니다.

다. 제품 수명 주기 고려

MZ 세대는 제품의 수명 주기와 재사용 가능성에 큰 관심을 가집니다. 제품을 개발할 때 오래 사용될 수 있도록 디자인하고, 재활용 가능한 소재를 사용하여 환경에 미치는 영향을 최소화해야 합니다.

라. 친환경 ESG 인증 획득 및 라벨링(Labelling)

ESG 제품에는 친환경 및 지속 가능성 인증을 적용하고 라벨링을 통해 소비자에게 제품의 친환경성을 전달해야 합니다. 다양한 ESG 인증을 획득하여 제품의 신뢰성과 투명성을 강조합니다. 이러한 인증은 소비자들에게 확실한 ESG 제품임을 알리는 데 도움이 됩니다.

제3항. MZ 세대와의 파트너십 구축

ESG 제품 개발에는 다양한 파트너십을 구축하는 것이 도움이 됩니다. 지속 가능한 재료를 제공하는 협력사, 사회적 프로젝트에 참여하는 비영리 단체, 지속 가능한 생산을 도와주는 협력사 등과의 협력은 제품을 개발하고 홍보하는 데 도움이 됩니다.

가. 소셜 미디어 활용

소셜 미디어는 MZ 세대와의 소통과 상호 작용을 증진시키는 중요한 도구입니다. 기업은 소셜 미디어를 통해 ESG 노력을 공유하고 소비자들과 직접 소통할 수 있는 기회를 활용해야 합니다.

나. 커뮤니티와의 협력 강화

MZ 세대는 온라인 및 오프라인 커뮤니티를 통해 의견을 나누고 정보를 교환합니다. 기업은 이러한 커뮤니티와 협력하여 제품에 대한 피드백을 받고 브랜드 이미지를 개선할 수 있습니다.

다. 파트너십 및 협력 기업과의 연결

다른 기업 및 비영리 단체와 파트너십을 구축하여 ESG 프로젝트 및 이니셔티브에 참여합니다. 이를 통해 MZ 세대와의 관계를 강화하고 더 큰 사회적 가치를 창출할 수 있습니다.

라. NGO 및 비영리 단체와 협력

환경 및 사회 문제에 관련된 NGO와 협력하여 기업의 ESG 노력을 강화할 수 있습니다. 이러한 단체와의 협력은 기업의 신뢰도를 높이고 지속 가능성을 강조하는 데 도움이 됩니다.

MZ 세대와의 협력 및 ESG 제품 개발은 기업에게 비즈니스 성공과 사회적 가치 창출의 기회를 제공합니다. 이러한 노력은 미래의 소비 트렌드를 주도하고, 환경과 사회에 긍정적인 영향을 미치며, 소비자와의 긴밀한 관계를 유지하는 데 도움이 될 것입니다. 이러한 전략을 통해 기업은 새로운 시장을 개척하고 지속 가능한 성장을 이룰 수 있으며, 동시에 사회적 책임을 다하는 기업으로서의 역할을 수행할 수 있습니다. MZ 세대와의 파트너십을 통해 이들의 가치관을 고려한 제품을 개발하고 제공함으로써 소비자와의 긍정적인 관계를 유지할 수 있을 것입니다.

제6절. MZ 세대와 ESG 기업의 동반 성장 전략

21세기의 비즈니스 환경에서, 기업들은 지속 가능성과 성장을 동시에 추구해야 합니다. 특히, MZ 세대는 기업의 ESG에 대한 관심을 높이고 있으며, 이러한 세대와 ESG 기업 간의 관계는 새로운 동반 성장 전략의 중요한 요소로 부상하고 있습니다. 이 절에서는 MZ 세대와 ESG 기업 간의 상호 작용을 살펴보고, 지속적인 동반 성장을 위한 전략을 논의하겠습니다.

제1항. MZ 세대와 ESG 기업의 상호 작용

가. 공감과 투명성

MZ 세대는 기업이 환경 문제, 사회적 책임, 지배구조 문제에 대해 진정한 관심과 약속을 보여 주기를 기대합니다. 기업은 이들의 우려를 듣고 투명하게 정보를 제공하여 신뢰를 구축해야 합니다. ESG 보고서를 통해 기업의 노력을 명확하게 전달하고, 개선 계획을 공개적으로 공유하는 것이 중요합니다.

나. ESG 기업의 경쟁력 강화

ESG 기업은 지속 가능한 경쟁력을 구축하기 위해 다양한 노력을 기울입니다. 이들은 환경친화적인 제품 및 서비스 개발, 사회적 책임을 강조하는 마케팅 전략, 다양성과 포용성을 증진하는 노력 등을 통해 MZ 세대와의 연결을 강화합니다. 또한, ESG 지표를 투명하게 보고하고 지속적으로 개선함으로써 MZ 세대와의 신뢰를 구축합니다.

다. MZ 세대와의 소통과 참여

MZ 세대와의 소통은 중요합니다. ESG 기업은 이 세대와의 소셜 미디어를 통한 상호 작용을 강화하고, 브랜드 메시지를 이해하기 쉽고 공감할 수 있는 방식으로 전달해야 합니다. 또한, MZ 세대를 기업의 의사결정 과정에 참여시키고, 그들의 의견을 수용하고 반영하는 것이 중요합니다.

라. 지속적인 개선과 혁신

MZ 세대와의 동반 성장을 위해서는 지속적인 개선과 혁신이 필요합니다. ESG 기업은 환경적, 사회적, 지배구조적 측면에서의 성과를 지속적으로 모니터링하고 개선해야 합니다. 또한, 새로운 기술과 비즈니스 모델을 도입하여 지속 가능성을 높이고 경쟁력을 강화해야 합니다.

제2항. MZ 세대와 ESG 기업의 동반 성장 전략

MZ 세대와 ESG 기업의 동반 성장을 위한 전략은 다음과 같습니다.

가. 가치 공유

기업은 MZ 세대의 가치관을 수용하고 이를 사업 전략에 통합해야 합니다. 이는 환경친화적 제품과 서비스의 개발, 사회적 책임 프로젝트의 추진, 다양성과 포용성을 증진하는 노력 등을 의미합니다.

나. ESG 리더십 강화

기업 리더들은 ESG 문제에 대한 지식과 통찰력을 키우고, 조직 내에서

ESG 리더십을 강화해야 합니다. 이를 통해 기업은 ESG 관련 의사결정을 더욱 효과적으로 이끌어 내고, MZ 세대와의 상호 작용을 개선할 수 있습니다.

다. ESG 핵심 원칙 준수

기업은 ESG 기준을 엄격하게 준수해야 합니다. 이는 높은 환경 기준을 충족하고, 사회적 문제에 대한 적극적인 참여를 의미합니다. 또한, 투명한 지배구조를 유지하고 주주들의 이익을 고려해야 합니다.

라. 지속적인 모니터링과 투명성 강화

기업은 ESG 지표를 지속적으로 모니터링하고, 주요 이해관계자에게 정기적으로 보고해야 합니다. 이를 통해 기업은 성과를 추적하고 문제가 발생할 경우 즉각적으로 대응할 수 있습니다.

기업은 투명성을 강화하고, MZ 세대와 소통하는 플랫폼을 개발해야 합니다. 소비자와의 개방적인 대화를 통해 피드백을 수용하고 개선 사항을 반영하는 것이 중요합니다.

마. 지속 가능한 혁신

MZ 세대와 ESG 기업은 지속 가능한 혁신을 추구해야 합니다. 환경에 미치는 영향을 최소화하면서도 새로운 제품과 서비스를 개발하는 것은 동반 성장을 이루는 핵심입니다.

바. 사회적 책임 강화

기업은 MZ 세대의 요구에 부응하기 위해 사회적 책임감을 강화해야 합니다. 환경 보호, 다양성과 포용성 증진, 노동 조건 개선 등 다양한 사회적 이슈에 민감하게 대응해야 합니다.

MZ 세대와 ESG 기업 간의 지속적인 동반 성장은 비즈니스의 미래를 위한 중요한 과제입니다. MZ 세대의 가치관과 요구를 충족시키는 ESG 기업은 긍정적인 브랜드 이미지를 구축하고 장기적인 성공을 위한 기반을 마련할 것입니다. 이를 위해 ESG 기업은 열린 소통, 지속적인 혁신, 그리고 지속 가능한 경쟁력 구축에 집중해야 합니다. MZ 세대와 ESG 기업 간의 협력은 지속 가능한 미래를 향한 중요한 발전을 이끌 것입니다.

제7절. MZ 세대와 ESG 마케팅의 발전 방향

21세기의 비즈니스 환경에서, 기업들은 지속 가능성과 사회적 책임을 강조하는 ESG 원칙을 채택하여 브랜드 가치를 높이는 데 큰 관심을 기울이고 있습니다. 동시에, MZ 세대는 소비자로서 꾸준한 성장을 거듭하며 새로운 소비 트렌드를 만들어 내고 있습니다. 이 두 가지 역동적인 힘들이 어떻게 상호 작용하며 마케팅 전략에 어떠한 영향을 미치고 있는지에 대해 논의하겠습니다.

제1항. MZ 세대와 ESG 마케팅의 상호 작용

가. MZ 세대의 가치관

MZ 세대는 디지털 기술과 인터넷의 발전 시대에서 자란 세대로, 소통과 정보에 대한 접근성이 뛰어납니다. 이로 인해 이들은 브랜드와 기업에 대한 높은 기대치를 가지고 있으며, 브랜드의 가치와 미션에 민감합니다. 또한, 공정한 사회와 지속 가능한 환경에 대한 관심이 높아져 MZ 세대는 ESG에 중요성을 부여합니다.

나. ESG 마케팅의 중요성

ESG는 환경, 사회, 지배구조의 측면에서 기업의 지속 가능성을 측정하는 지표입니다. 기업은 이러한 지표를 통해 사회적 책임과 환경 보호에 대한 노력을 강조하며, MZ 세대와 같은 소비자들의 관심을 끌기 위해 ESG 마케팅을 도입하고 있습니다. 이를 통해 브랜드의 신뢰도를 높일 뿐만 아니라 장기적인 경제적 성과를 달성하는 데 도움이 됩니다.

다. ESG 기업의 사회적 책임과 브랜드 이미지

ESG 원칙은 기업의 사회적 책임을 강조합니다. 기업은 이러한 원칙을 따르며 사회 문제에 대한 해결책을 제시하고, 공익을 위한 프로젝트를 추진함으로써 브랜드 이미지를 개선하고 소비자의 신뢰를 얻고자 합니다. MZ 세대는 이러한 사회적 책임을 중요시하며, 이를 고려하지 않는 기업들에게는 냉담한 반응을 보이기도 합니다.

라. MZ 세대와 ESG 마케팅의 결합

MZ 세대의 가치관과 ESG 마케팅은 이상적으로 결합됩니다. 이 세대는 기업의 환경적, 사회적, 윤리적 노력을 적극적으로 지지하며, 이러한 기업과의 연결을 통해 자신의 가치를 실현하려는 노력을 기울입니다. 따라서 기업은 MZ 세대를 타겟으로 할 때 ESG 마케팅을 활용하여 브랜드와 소비자 간의 긍정적인 관계를 구축할 수 있습니다.

제2항. MZ 세대와 ESG 마케팅의 미래 발전 방향

미래에는 MZ 세대가 소비 시장의 중심 역할을 더욱 강화할 것으로 예상됩니다. 따라서 기업들은 환경 문제와 사회적 책임을 더욱 강조하며, 이러한 가치를 브랜드 전략의 핵심 요소로 채택할 것으로 예상됩니다. 더불어, 디지털 마케팅과 소셜 미디어를 통한 소비자와의 접점을 강화하고, 이러한 채널을 통해 환경과 사회 문제에 대한 기업의 노력을 효과적으로 전달할 것입니다. 이러한 동향을 고려하여 기업들은 다음과 같은 조치를 취할 수 있습니다.

가. 맞춤형 마케팅

MZ 세대는 다양성과 포용성을 중요하게 생각하므로, 기업은 다양한 소비자 그룹을 대상으로 한 맞춤형 마케팅을 강조해야 합니다.

나. 기술의 활용

디지털 기술과 인공 지능을 활용하여 MZ 세대와 상호 작용하고 그들의 요구에 부응하는 방법을 찾아야 합니다.

다. 디지털 마케팅 강화

MZ 세대와의 접촉을 강화하기 위해 디지털 마케팅 전략을 개발하고 효율적으로 활용합니다.

라. 기업의 사회적 역할 강화

기업들은 ESG 원칙을 실천하고 사회 문제에 대한 적극적인 참여를 통해 브랜드의 사회적 영향력을 향상시켜야 합니다.

마. 지속 가능성 통합

ESG 원칙을 기업의 핵심 가치와 전략에 통합하여 조직 전체에 확산시킵니다.

바. 사회적 협업 강화

다른 기업 및 이해관계자와의 협력을 통해 사회적 문제를 해결하는 데 기여합니다.

미래에는 MZ 세대가 더욱 중요한 소비자군으로 부상할 것으로 예상됩니다. 그리고 ESG에 대한 요구도 더욱 강화될 것입니다. 따라서 기업은 지속 가능성을 강조하고 MZ 세대와의 연결을 강화하기 위해 노력해야 합니다. 또한, 그렇게 하기 위해서는 ESG 데이터의 투명성과 신뢰성을 유지하고 활용하는 것이 중요합니다.

제2부

소비자 행동주의와 ESG

제1장

소비자 행동주의

제1절. 소비자 행동주의 개념과 중요성

소비자 행동주의(Consumer Behaviorism)는 경제학, 심리학, 마케팅, 사회학 등 다양한 학문적 관점에서 연구되며, 기업들이 소비자의 요구와 욕구를 파악하여 제품과 서비스를 개발하고 마케팅 전략을 수립하는 데 도움을 줍니다. 이 절에서는 소비자 행동주의의 핵심 개념과 그 중요성에 대해 논의하겠습니다.

제1항. 소비자 행동주의의 개념

소비자 행동주의는 심리학, 경제학, 사회학, 마케팅 등 다양한 분야에서 이루어지며, 소비자들의 선택에 영향을 미치는 다양한 요인을 분석합니다. 이러한 요인들은 소비자의 성격, 경제적 상황, 문화적 배경, 제품 특성, 광고, 가격 등 여러 측면에서 다루어집니다. 소비자 행동주의는 다음과 같은 주요 개념을 포함합니다.

가. 소비자 의사결정 과정

이 과정은 문제 인식, 정보 수집, 대안 평가, 구매 결정, 구매 후 평가 등 여러 단계로 나뉩니다. 소비자 행동주의는 이러한 단계에서 소비자가 어떻게 의사결정을 내리는지를 이해하는 것을 목표로 합니다. 이는 크게 다음 단계로 나눌 수 있습니다.

(가) 정보 수집: 소비자는 제품이나 서비스에 대한 정보를 수집하고 분석합니다. 이 정보는 광고, 리뷰, 가격, 제품 특징 등 다양한 소스에서 얻을 수 있습니다.

(나) 평가 및 비교: 수집한 정보를 기반으로 소비자는 다양한 대안을 평가하고 비교합니다. 이 단계에서는 구매 동기와 욕구가 중요한 역할을 합니다.

(다) 결정 및 구매: 마지막으로, 소비자는 구매 결정을 내립니다. 이 결정은 가격, 품질, 브랜드, 욕구 등 다양한 요인에 영향을 받습니다.

나. 소비자의 니즈와 욕구

소비자가 제품이나 서비스를 선택할 때 그들의 니즈와 욕구가 어떻게 영향을 미치는지를 연구합니다. 니즈는 필수적인 요구 사항이며, 욕구는 추가적인 만족을 주는 요소입니다.

다. 소비자의 행동에 영향을 미치는 요인

소비자 행동주의는 소비자의 행동에 영향을 미치는 다양한 요인을 탐구합니다. 이러한 요인은 개인적인 특성, 사회적 환경, 문화적 배경 등 다양합니다. 몇 가지 주요한 요인은 다음과 같습니다.

- (가) 개인적 요인: 성별, 연령, 학력, 소득 수준 등의 개인적 특성은 소비자 행동에 영향을 미칩니다. 또한, 개인적 가치관, 성향, 편견 및 성격도 구매 결정에 영향을 미칩니다.
- (나) 사회적 요인: 가족, 친구, 동료와의 의견 공유 및 사회적 영향은 소비자의 구매 결정에 큰 역할을 합니다. 또한, 사회적 기대와 규범도 소비자의 행동에 영향을 미칩니다.
- (다) 문화적 요인: 문화, 종교, 가치관은 소비자의 취향 및 구매 습관에 영향을 미칩니다. 또한, 제품이나 서비스의 문화적 상징성은 브랜드 선택에 영향을 줄 수 있습니다.

제2항. 소비자 행동주의의 중요성

소비자 행동주의는 비즈니스, 마케팅, 정책 결정 등 다양한 분야에서 중요한 역할을 합니다. 그 이유는 다음과 같습니다.

가. 마케팅 전략 개발

소비자 행동주의를 이해하는 것은 기업이 제품이나 서비스를 개발하고 마케팅 전략을 수립하는 데 있어서 핵심적입니다. 어떤 제품이나 서비스가 소비자에게 어떤 가치를 제공하며, 어떻게 소비자의 니즈와 선호도에 부합하는지를 파악함으로써, 기업은 효과적인 광고 및 판매 전략을 개발할 수 있습니다.

나. 제품 개발 및 혁신

소비자 행동주의 연구를 통해 소비자의 욕구와 선호도를 이해하면 제품 및 서비스의 개발 및 혁신에 도움이 됩니다. 기업은 소비자의 요구를 충족시키는 제품을 개발하여 시장에서 성공할 수 있습니다.

다. 제품 및 서비스 개선

소비자 행동주의 연구는 제품이나 서비스의 개선에도 중요한 역할을 합니다. 소비자의 피드백과 행동 패턴을 분석함으로써, 기업은 제품 또는 서비스의 부족한 부분을 개선하고 고객 만족도를 높일 수 있습니다.

라. 시장 경쟁력 강화

경쟁이 치열한 비즈니스 환경에서 소비자 행동주의를 이해하는 것은 경쟁 우위를 확보하는 데 도움이 됩니다. 경쟁사들의 고객을 이해하고 예측하여 시장에서 선점하고 고객을 유치하는 데 도움이 되기 때문입니다.

마. 소비자 만족과 충성도 관리

고객 만족도는 기업의 장기적인 성공에 결정적인 역할을 합니다. 소비자 행동주의를 통해 소비자의 니즈와 기대치를 파악하고 고객 경험을 개선함으로써, 기업은 고객 만족도를 높이고 장기적인 고객 충성도를 구축할 수 있습니다. 충성도가 높은 고객은 장기적으로 기업에게 이익을 제공합니다.

소비자 행동주의는 소비자의 행동과 결정에 대한 깊은 통찰력을 제공하며, 기업이 경쟁적인 시장에서 성공하기 위해 필수적인 도구입니다. 소비자의 요구와 욕구를 파악하고 이에 맞춘 제품과 마케팅 전략을 개발하는 것은 기업의 지속적인 성장과 성공에 기여하는 중요한 요소입니다. 마지막으로, 소비자 행동주의의 연구는 소비자와 기업 간의 상호 작용을 더 나은 방향으로 이끌어 내며, 더 나은 소비자 경험과 더 나은 제품을 만드는 데 기여합니다.

제2절. 소비자 행동주의의 역사와 발전 과정

소비자 행동주의는 소비자의 행동 및 구매 패턴을 연구하고 설명하는 학문 분야로, 소비자가 상품과 서비스를 선택하고 구매하는 과정을 이해하는 데 중요한 역할을 합니다. 이 절에서는 소비자 행동주의의 역사와 발전에 대해 살펴보겠습니다.

제1항. 소비자 행동주의의 탄생

가. 소비자 행동주의의 기원

소비자 행동주의의 기원은 20세기 초반으로 거슬러 올라갑니다. 이 이론은 심리학과 경제학의 연구 결과, 특히 생각, 감정, 행동 간의 관계를 이해하려는 시도에서 비롯되었습니다. 이론은 인간 행동을 예측하고 설명하기 위한 도구로써 소비자의 선택과 소비 행위를 다룹니다.

나. 경제학과 소비자 이론

소비자 행동주의의 발전에서 경제학은 중요한 역할을 담당했습니다. 이론적으로, 소비자 행동은 소비자의 유틸리티 최적화와 관련이 있으며, 이를 통해 소비자가 효율적으로 자원을 할당하고 소비 결정을 내릴 수 있다고 주장합니다. 경제학자들은 소비자의 선택과 구매 패턴을 분석하여 소비자가 가치를 극대화하려고 노력하는 방식을 이해하려고 노력했습니다.

다. 심리학과 소비자 행동

심리학은 소비자의 행동에 대한 심도 있는 통찰력을 제공했습니다. 심리학 연구는 소비자의 인지, 태도, 동기, 행동 및 의사결정 과정을 조사하여 소비자의 선택에 영향을 미치는 요인을 파악하는 데 도움을 주었습니다. 예를 들어, 마케팅에서는 소비자의 심리적 요인을 고려하여 광고 및 제품 디자인을 최적화하는 데 활용됩니다.

라. 행동주의와 소비자 연구

소비자 행동주의는 심리학, 경제학, 사회학, 광고 및 마케팅 분야에서 다양한 관련 연구를 촉발했습니다. 이론은 소비자의 니즈와 욕구, 정보 처리, 의사결정 과정, 구매 동기 및 소비 패턴을 탐구하기 위한 다양한 연구 방법을 제시합니다. 특히 마케터와 광고 업계에서는 소비자 행동주의의 원칙을 활용하여 소비자들을 이해하고 상품을 성공적으로 마케팅하는 데 이용하고 있습니다.

제2항. 소비자 행동주의의 역사와 발전 과정

소비자 행동주의는 시간이 흐름에 따라 계속 발전해 왔습니다. 20세기 후반에는 정보 기술의 발전과 디지털 시대의 도래로 소비자의 행동과 의사결정 과정이 복잡해지고 다양화되었습니다. 이로 인해 소비자 행동주의는 온라인 쇼핑, 소셜 미디어, 마케팅 분석, 대량 데이터 분석 등 다양한 주제와 연관되어 더욱 다양한 연구 및 응용 분야를 탐구하게 되었습니다.

가. 초기 단계: 마케팅과 심리학의 결합(1920년대-1950년대)

소비자 행동주의의 역사는 1920년대와 1930년대에 시작되었습니다. 이 시기에는 마케팅 분야에서 소비자의 선택과 구매에 대한 연구가 활발하게 이루어졌습니다. 이때의 연구는 주로 심리학적인 이론과 관련이 있었으며, 소비자의 욕구와 욕망, 선호도, 의사결정 과정을 이해하는 데 중점을 두었습니다.

나. 동기 부여 이론의 등장(1950년대-1960년대)

1950년대와 1960년대에는 소비자 행동주의에서 동기 부여 이론이 중요한 위치를 차지했습니다. 이론은 소비자가 어떤 상품이나 서비스를 선택하고 구매할 때 어떤 동기와 욕구가 작용하는지를 연구하였습니다. 이때의 연구로는 Abraham H. Maslow의 "인간 욕구 단계 이론(Hierarchy of Needs)"과 David C. McClelland의 "성취동기 이론(Human Motivation Theory, Three Needs Theory, Achievement Motivation Theory)" 등이 포함됩니다.

다. 정보 처리 이론의 부상(1970년대-1980년대)

소비자 행동주의의 다음 단계는 정보 처리 이론(Cognitive Information Processing Theory, Atkinson and Shiffrin Model, Baddeley and Hitch Model of Working Memory)의 부상이었습니다. 이 이론은 소비자가 상품 정보를 받아들이고 처리하는 방식을 연구하며, 소비자의 의사결정에 정보가 어떻게 영향을 미치는지를 이해하는 데 도움이 되었습니다. 이론의 중요한 개념으로는 정보 검색, 정보 평가, 결정 과정 등이 있습니다.

라. 디지털 시대와 소비자 행동(1990년대 이후)

1990년대 이후, 디지털 기술의 발전과 인터넷의 보편화로 소비자 행동주의는 새로운 도전을 경험했습니다. 온라인 쇼핑, 소셜 미디어, 빅 데이터 분석 등이 소비자의 행동을 변화시켰고, 이를 연구하는 새로운 방법과 이론이 개발되었습니다.

마. 현재와 미래의 소비자 행동주의

현재, 소비자 행동주의는 더 복잡한 소비자 행동을 이해하고 예측하기 위해 다양한 학문 분야와 접목되고 있습니다. 행동 경제학, 신경과학, 인공 지능, 머신 러닝 등의 기술과 이론이 사용되며, 소비자의 심리, 생리학적 반응, 인지 과정을 더 깊이 연구하고 있습니다. 인공 지능(Artificial Intelligence, AI)과 빅데이터(Big Data) 분석을 활용한 소비자 행동 예측, 지속 가능한 소비 및 환경친화적인 소비에 대한 연구 등이 미래의 소비자 행동주의 연구 분야의 중요한 주제가 될 것입니다. 미래에는 개인화된 마케팅과 예측 분석을 통해 소비자 행동을 더 정확하게 예측하는 연구가 더욱 중요해질 것으로 예상됩니다.

소비자 행동주의는 시대와 기술의 변화에 따라 지속적으로 발전해 온 학문 분야입니다. 소비자의 행동과 의사결정 과정을 이해하는 것은 기업, 정부, 연구 기관 등에게 중요한 정보를 제공하며, 이를 통해 더 효과적인 마케팅 전략과 정책을 개발할 수 있습니다. 앞으로도 소비자 행동주의는 계속해서 진화하며, 소비자와 시장의 변화를 반영하고 해석하는 데 중요한 역할을 할 것으로 기대됩니다.

제3절. 소비자 행동주의의 주요 이론

소비자 행동주의는 마케팅, 경제학, 심리학 등 다양한 학문 분야에서 연구되고 있는 중요한 주제 중 하나입니다. 이 주제에는 다양한 이론과 모델이 있으며, 이러한 이론들은 소비자의 행동과 결정 과정을 이해하고 예측하는 데 도움을 주는 중요한 도구입니다. 이 절에서는 소비자 행동주의의 주요 이론에 대해 살펴보겠습니다.

제1항. 심리학 및 경제학 관점에서의 주요 이론

가. 욕구 단계 이론(Hierarchy of Needs Model)

Abraham Harold Maslow의 욕구 단계 모델은 심리학 이론으로, 인간의 욕구와 소비 패턴을 설명합니다. 이 모델은 다섯 가지 수준의 욕구를 제시하며, 기본적인 생리적 욕구부터 고급 욕구로 이어지는 과정을 보여줍니다. 마케팅 전략은 이 욕구 수준에 맞추어 소비자에게 제공되는 가치를 조절할 수 있습니다.

나. 행동 의도 이론(Theory of Planned Behavior)

Icek Ajzen의 행동 의도 이론은 소비자의 행동을 예측하기 위한 모델로, 개인의 태도, 주관적 규범, 행동 통제력을 고려합니다. 이 모델은 개인이 어떤 행동을 취할지 결정할 때 태도와 사회적 영향을 고려하며, 이를 통해 마케팅 전략을 개선할 수 있습니다.

다. 사회적 영향 이론(Social Influence Theory)

Herbert Chanoch Kelman의 사회적 영향 이론에 따르면 소비자의 행동은 주변 사회 환경에 의해 촉발되는 경우가 많습니다. 소셜 인플루언스 이론은 소비자가 주변 환경과 다른 사람들로부터 어떻게 영향을 받는지를 탐구합니다. 소비자는 가족, 친구, 유명 인사, 소셜 미디어 등을 통해 의견과 정보를 주고받으며 구매 결정을 내립니다. 기업은 소셜 인플루언스를 활용하여 제품이나 서비스를 홍보하고 소비자의 인식을 조작할 수 있습니다.

라. 효용성 이론(Utility Theory)

Alfred Marshall의 효용성 이론은 소비자의 행동을 경제적 관점에서 설명하는 중요한 이론 중 하나입니다. 이 이론은 소비자가 상품 또는 서비스의 가치를 어떻게 판단하고 결정하는지를 연구합니다. 효용성 이론은 소비자가 어떤 상품이나 서비스를 선택할 때 어떤 이익을 추구하는지를 분석하며, 소비자의 개인적 가치 판단과 선택 과정을 설명합니다.

마. 행동 경제학(Behavioral Economics)

행동 경제학은 소비자가 이성적이고 합리적으로 행동하지 않는다고 가정하며, 심리학적 요소와 편향이 소비자의 의사결정에 영향을 미친다고 주장합니다(참조: Prospect Theory by Amos Nathan Tversky and Daniel Kahneman). 가격 프레임, 소비자의 리워드 시스템, 선택 아키텍처 등의 개념은 소비자의 행동을 조절하고 영향을 미치는 데 사용됩니다.

바. 신경 경제학(Neuroeconomics)

신경 경제학은 신경과학, 경제학 및 심리학의 결합으로, 소비자의 의사결정 프로세스와 신경적 활동 간의 관계를 연구합니다(참조: Paul W. Glimcher, The Center for Neural Science). 신경 경제학은 마케터에게 제품 디자인, 가격 설정 및 광고 전략을 개발하는 데 도움이 됩니다. 뇌 활동 데이터는 소비자 반응을 예측하고 최적의 마케팅 전략을 개발하는 데 사용됩니다.

제2항. 마케팅 관점에서의 주요 이론

가. 탐구적 행동 이론(Exploratory Buying Behavior Theory)

소비자들이 제품을 선택할 때 정보 수집 및 평가 과정을 강조하는 이론입니다(참조: H. Baumgartner, J.-B.E.M. Steenkamp). 소비자는 다양한 옵션을 조사하고 비교한 후 최상의 선택을 하려고 노력합니다. 소비자 리뷰 웹사이트, 비교 쇼핑 웹사이트, 소셜 미디어에서 소비자들은 제품에 대한 정보를 얻고 다른 소비자들의 경험을 공유하여 탐구적 행동을 지원합니다.

나. 마케팅 믹스 이론(Marketing Mix Theory)

마케팅 믹스는 제품, 가격, 장소, 홍보(4P)와 사람, 프로세스, 물리적 증거(3P)로 구성됩니다(참조: James Culliton, E. Jerome McCarthy). 이 이론은 제품이나 서비스를 성공적으로 판매하기 위해 다양한 요소를 조절하는 방법을 설명합니다. 제품의 품질, 가격 정책, 유통 채널 선택 및 광고 전략이 소비자의 구매 결정에 중요한 역할을 합니다. 소비자의 선호와 행동에 맞게 마케팅 믹스를 조정하는 것이 중요합니다.

다. 구매 결정 과정 이론(Consumer Decision Making Process Theory)

구매 결정 과정은 소비자가 제품이나 서비스를 구매하기 위한 단계적 과정을 설명합니다. 이 단계에는 인식, 정보 수집, 평가, 구매 결정, 후속 행동 등이 포함됩니다. 마케터는 이 단계에서 소비자의 요구에 따라 적절한 전략을 개발해야 합니다.

라. 구매 후 행동 이론(Post-purchase Behaviour Theory)

구매 후 행동 이론은 소비자가 상품이나 서비스를 구매한 후에 나타나는 행동을 이해하는 데 사용되는 이론입니다. 이 이론은 구매 결정이 소비자의 만족도와 연관되어 있으며, 만족도와 불만족을 어떻게 처리하고 행동으로 나타내는지를 연구합니다. 기업은 이 이론을 활용하여 고객 만족도를 관리하고 재구매를 유도하는 전략을 개발할 수 있습니다.

마. 선택 이론(Choice Theory)

선택 이론은 소비자가 다양한 상품 또는 서비스 중에서 어떤 것을 선택하게 되는지를 설명하는 이론입니다(참조: William Glasser, The William Glasser Institute). 이 이론은 소비자의 기대 이익과 비용을 고려하여 선택이 이루어진다고 가정합니다. 마케터는 이 이론을 이용하여 제품 특징을 강조하고 가격을 조절함으로써 소비자의 선택에 영향을 미칠 수 있습니다.

제4절. ESG와 소비자 행동주의

ESG는 기업의 사회적 책임과 지속 가능한 경영을 강조하는 개념으로, 이는 최근 소비자 행동에도 큰 영향을 미치고 있습니다. 소비자들은 제품이나 서비스를 구매할 때 기업의 ESG 실천과 가치에 대한 관심을 높이고 있으며, 이러한 관심은 기업들에게 지속 가능성을 고려하고 향상시키도록 자극하고 있습니다. 이 절에서는 소비자 행동주의와 ESG 사이의 연관성에 대해 논의하겠습니다.

제1항. ESG의 소비자 행동주의에 대한 영향

가. 소비자의 ESG 관심 증가

최근 몇 년 동안, 소비자들은 환경, 사회, 지배구조 문제에 대한 관심을 높이고 있습니다. 기업의 ESG 성과는 소비자에게 중요한 결정 요인 중 하나로 부상하고 있으며, 소비자들은 기업의 ESG 노력을 통해 자신의 가치와 원칙을 반영하는 제품과 브랜드를 선택하려고 합니다.

나. 소비자 행동의 변화

과거에는 소비자들이 주로 가격, 품질 및 편의성을 고려했습니다. 그러나 지금은 소비자들이 제품이나 서비스를 선택할 때 더 많은 고려 요소가 있습니다. 환경, 사회, 지배구조와 관련된 문제에 대한 인식이 높아지면서, 소비자들은 제품 또는 브랜드의 ESG 평가를 중요하게 생각하게 되었습니다. 이러한 인식의 변화로 소비자들은 자신의 소비로 인해 환경에 미치는 영향, 사회적 책임, 윤리적 측면 등을 고려하는 경향이 늘어나고 있습니다.

다. 소비자 행동의 ESG에 대한 영향

소비자들이 ESG 기업을 선호하고 지지한다는 것은 그들의 구매 결정에도 영향을 미칩니다. ESG 기업과의 연관성이 있는 제품 및 서비스는 일반적으로 더 높은 가치를 갖게 되며, 이로 인해 소비자들은 가격보다는 ESG 요소를 중시하는 경향이 있습니다. 또한 소비자들은 제품 라벨링, 회사의 환경 정책, 사회적 책임 공헌 등과 관련된 정보를 더 자세히 조사하고 비교하기 시작합니다.

라. ESG 소비자와 기업 간의 상호 작용

ESG는 소비자와 기업 간의 상호 작용을 증대시킵니다. 소비자들은 SNS 및 리뷰 플랫폼을 통해 기업의 ESG 노력에 대한 의견을 공유하며, 이를 통해 기업의 평판과 브랜드 이미지에 영향을 미칩니다. 기업들은 이러한 피드백을 수용하고 ESG 성과를 개선함으로써 소비자와 더 긍정적인 관계를 유지하고자 노력합니다. 이러한 상호 작용은 ESG가 소비자와 기업 모두에게 이익을 제공할 수 있음을 보여 줍니다.

마. ESG와 소비자 이타주의

ESG는 소비자 이타주의(Consumer Altruism)를 유발하는 중요한 요소 중 하나입니다. 이타주의는 소비자들이 자신의 소비 행동이 사회적으로 긍정적인 영향을 미칠 것이라고 믿는 것을 나타내며, ESG를 통해 소비자들은 자신의 소비로 긍정적인 사회적 변화를 이끌어 내는 데 기여할 수 있다고 느낍니다.

제2항. 소비자 행동주의의 ESG 기업에 대한 영향

가. 기업의 ESG 실천 증가

기업들은 ESG 관련 노력을 늘리고 있으며, 이를 소비자들에게 알리는 데 노력하고 있습니다. 환경적으로 친화적인 제품 또는 친환경적인 생산 과정을 강조하는 기업들은 소비자들로부터 긍정적인 반응을 얻고 있습니다. 사회적 책임을 강조하는 기업들은 지역 사회에 기여하고 사회 문제를 해결하는 데 기여함으로써 소비자들의 신뢰를 얻고 있습니다. 또한, 투명한 거버넌스 구조를 가진 기업들은 신뢰와 투명성을 보장하여 소비자들의 지지를 받고 있습니다.

나. ESG와 브랜드 이미지 제고

ESG 실천은 기업의 브랜드 이미지와 밀접하게 연결되어 있습니다. 소비자들은 ESG에 대한 긍정적인 인식을 가진 기업을 선호하며, 이는 브랜드의 가치를 높이고 장기적인 성장을 촉진할 수 있습니다. 반면, ESG 문제를 무시하거나 부정적으로 다루는 기업들은 소비자들로부터 불신과 비판을 받을 수 있으며, 브랜드 이미지에 피해를 입을 수 있습니다.

다. ESG 기업의 경쟁력 강화

ESG 기업은 지속 가능한 비즈니스 모델과 높은 윤리적 표준을 준수하므로 소비자들의 믿음을 얻는 데 도움이 됩니다. 이러한 기업들은 종종 지속 가능한 제품과 서비스를 개발하고, 사회적 문제에 대한 긍정적인 영향을 만들기 위해 노력합니다. 이로 인해 소비자들은 ESG 기업을 선호하게 되며, 이는 경쟁에서 이점을 가질 수 있는 요소 중 하나가 됩니다.

라. 소비자 행동주의와 ESG 기업의 상호 작용

소비자들이 ESG 원칙을 준수하는 기업을 선호하는 경향이 높아지면서, 기업들은 ESG를 강조하고 이를 마케팅에 활용하고 있습니다. 소비자들은 환경친화적 제품을 선호하며, 기업의 사회적 활동과 사회적 책임을 평가합니다. 이에 따라 기업들은 ESG 성과를 공개하고 이를 소비자에게 전달하여 브랜드 평판을 향상시키고 시장 경쟁력을 강화하고 있습니다.

마. 비즈니스와 사회적 이익 창출

소비자 행동과 ESG 기업 간의 긍정적 상호 작용은 비즈니스와 사회적 이익을 동시에 달성할 수 있는 기회를 제공합니다. ESG 기업은 지속 가능한 성장과 금융 성과를 달성하면서 사회 문제 해결에 기여합니다. 또한, 소비자들은 ESG 원칙을 준수하는 제품과 브랜드를 선택함으로써 환경과 사회에 긍정적인 영향을 미칠 수 있습니다. 이러한 연관성은 지속 가능한 미래를 구축하는 데 중요한 역할을 합니다.

소비자 행동과 ESG 기업의 연관성은 더욱 중요해지고 있으며, 이는 비즈니스와 사회에 긍정적인 영향을 미칩니다. ESG 원칙은 기업과 소비자 간의 상호 작용에 큰 영향을 미치고 있으며, 이는 미래에 더욱 중요한 역할을 할 것으로 예상됩니다. 소비자들은 더 지속 가능하고 사회적으로 책임 있는 비즈니스 모델을 선호하며, 기업들은 이러한 트렌드를 이해하고 적극적으로 ESG 원칙을 준수함으로써 소비자들의 신뢰를 얻을 수 있을 것입니다. 이러한 상호 작용은 기업과 소비자, 그리고 사회 전반에 긍정적인 변화를 가져올 것으로 기대됩니다.

제5절. MZ 세대와 소비자 행동주의

MZ 세대는 현재의 소비자 시장에서 중요한 역할을 하고 있으며, 그들의 소비 행동은 이전 세대와는 다른 특징을 보입니다. 이 절에서는 MZ 세대와 소비자 행동주의 간의 연관성, 소비자 행동주의의 발전 방향을 탐구하고, 기업들이 이러한 변화에 어떻게 대응할 수 있는지에 대해 논의하겠습니다.

제1항. MZ 세대와 소비자 행동주의의 연관성

MZ 세대는 소비자 행동주의와 깊은 연관성이 있습니다. 그들은 환경, 사회 문제, 건강, 다양성 등을 중요하게 생각하며, 이러한 가치와 신념이 제품과 브랜드 선택에 큰 영향을 미칩니다. MZ 세대의 특징은 그들의 소비 행동에 영향을 미치고, 다음과 같은 소비자 행동주의를 형성합니다.

가. 온라인 쇼핑과 온라인 리뷰의 활발한 활용
MZ 세대는 온라인에서 상품을 검색하고 구매하는 데 익숙하며, 다른 소비자의 리뷰와 의견을 중요시합니다. 브랜드의 온라인 입지가 중요한 영향을 미칩니다.

나. 소셜 미디어 영향력
소셜 미디어를 통해 소비 행동을 공유하고 패션, 라이프스타일 등 다양한 분야에서 영향력을 행사합니다. 인플루언서 마케팅은 이들에게 효과적입니다.

다. 환경 의식

MZ 세대는 지구 온난화와 환경 파괴에 대한 우려를 가지고 있으며, 환경친화적 제품을 선호합니다. 그들은 재활용 가능한 제품, 친환경 포장재, 탄소 배출을 줄이는 제품을 더 많이 구매합니다.

라. 사회적 책임감

MZ 세대는 기업이 사회적 책임을 다하고 사회 문제에 기여하는 브랜드를 선호합니다. 그들은 브랜드의 윤리적 행동과 사회 프로그램에 주목하며 이에 반영된 제품을 선택합니다.

제2항. MZ 세대 소비자 행동주의의 변화

소비자 행동주의는 소비자들의 구매 결정에 영향을 미치는 인지적, 감정적, 사회적 요인을 연구하는 학문 분야입니다. MZ 세대는 소비자 행동주의에 새로운 시각을 제공하고 있으며, 다음과 같은 특징을 보입니다.

가. 사회적 책임 관심

MZ 세대는 기업의 사회적 책임을 중요시하며, 지속 가능한 제품과 서비스를 선호합니다. 기업들은 환경친화적 제품과 사회적 프로그램을 강조하여 이들을 유치할 수 있습니다.

나. 다양성과 포용성 지지

MZ 세대는 다양성과 포용성을 지지하며, 다양한 인종, 성별, 성적 지향, 문화를 대표하는 광고와 제품을 선호합니다. 기업들은 다양성을 존중하는 메시지를 전달하여 MZ 세대를 유치할 수 있습니다.

다. 디지털 쇼핑 중시

디지털 네이티브인 MZ 세대는 온라인 쇼핑과 소셜 미디어를 활용하여 제품 정보를 얻고 의견을 공유합니다. 기업들은 디지털 플랫폼을 효과적으로 활용하여 이들을 타겟팅할 수 있습니다.

라. 경험을 중시하는 소비

MZ 세대는 제품보다는 경험을 중시합니다. 여행, 레스토랑, 이벤트 등 경험 위주의 소비가 늘어나고 있으며, 기업은 이러한 경험을 제공함으로써 소비자들의 관심을 끌 수 있습니다.

마. 개인화와 기술 활용

빅데이터와 인공 지능 기술을 활용하여 개인화된 제품 및 서비스를 제공하는 것이 중요합니다. MZ 세대는 자신의 개인적인 취향과 필요에 맞는 제품을 원하며, 기업은 이러한 데이터를 분석하여 맞춤형 솔루션을 개발해야 합니다.

제3항. MZ 세대와 소비자 행동주의의 발전 방향

MZ 세대와의 상호 작용을 고려하여 기업과 브랜드는 다음과 같은 방향으로 소비자 행동을 발전시켜 나갈 수 있습니다.

가. 디지털 기술과 연계

MZ 세대의 디지털 네이티브 특성을 활용하여 디지털 마케팅과 소셜 미디어를 효과적으로 활용해야 합니다. 소비자의 관심을 끌고 유지하기 위해 창의적이고 흥미로운 캠페인과 콘텐츠를 제공하는 것이 중요합니다. MZ 세대는 온라인상에서 브랜드와 상호 작용하는 것을 선호하므로, 웹사이트, 앱, 소셜 미디어 플랫폼에서의 경험을 향상시키는 것이 중요합니다. 소셜 미디어 플랫폼에서 MZ 세대와의 상호 작용을 촉진하기 위한 전략을 개발해야 합니다.

나. 지속 가능성과 사회적 책임 강조

기업은 지속 가능한 제품 및 서비스를 개발하고 환경친화적인 브랜딩을 강화해야 합니다. 또한 사회적 책임을 갖고 소비자들의 사회적 가치에 부합하는 방식으로 사업을 운영하여 MZ 세대와 연결할 수 있어야 합니다.

다. 소비자 참여와 상호 작용 강화

MZ 세대는 브랜드와의 상호 작용을 중요하게 생각합니다. 이들은 소셜 미디어를 통해 브랜드와 소통하며, 브랜드에 대한 피드백을 적극적으로 제공합니다. 기업들은 소비자 참여를 촉진하고 브랜드와의 강화된 상호 작용을 통해 고객 충성도를 높여야 합니다.

라. 데이터 활용과 개인화된 추천

MZ 세대는 특별한 경험을 추구하며, 개인화된 서비스를 원합니다. 기업은 이러한 니즈를 충족시키기 위해 고객 데이터를 활용하고, 고객과의 상호 작용을 강화해야 합니다. 개인화된 추천과 경험을 제공하기 위해 데이터를 효과적으로 활용해야 합니다. 이는 고객 충성도를 높일 수 있는 방법 중 하나입니다.

마. 사회적 책임 경영 강조

MZ 세대는 사회 문제에 대한 관심이 높으며, 브랜드가 사회적 책임을 다하고 공익 활동을 지원하는 것을 중요하게 여깁니다. 기업들은 사회 책임 경영을 채택하고, 사회적 가치 창출을 통해 고객들에게 긍정적인 이미지를 제공해야 합니다.

MZ 세대와 소비자 행동주의는 현대 소비자 시장에서 중요한 역할을 하고 있으며, 그들의 가치와 신념은 상품과 브랜드 선택에 큰 영향을 미칩니다. 기업은 MZ 세대의 특징을 이해하고 그들의 소비 행동주의를 고려한 마케팅 전략을 개발하여 이 세대의 지지를 얻을 수 있을 것입니다. MZ 세대의 가치관과 행동주의를 존중하며 혁신적인 제품과 서비스를 제공하는 기업들이 미래 소비자 시장에서 성공할 것으로 기대됩니다. MZ 세대와 소비자 행동주의의 연관성을 이해하는 것은 기업의 성공에 필수적인 요소 중 하나입니다.

제2장

ESG 소비자 행동주의와 ESG 마케팅

제1절. ESG 소비자 행동주의 개념과 발전

ESG 소비자 행동주의는 최근 몇 년 동안 급속한 발전을 이룬 주제 중 하나입니다. 기업들의 환경, 사회, 경영 관리에 대한 관심이 높아지면서 소비자들도 자신의 소비 행동이 사회적 책임과 환경 지속 가능성에 어떤 영향을 미치는지에 대해 관심을 갖고 있습니다. 이 절에서는 ESG 소비자 행동주의의 개념과 그 발전에 대해 논의하겠습니다.

제1항. ESG 소비자 행동주의의 개념

ESG 소비자 행동주의란 환경(Environmental), 사회(Social), 지배구조 (Governance) 이슈에 민감한 소비자들이 제품이나 서비스를 선택하고 구매할 때 이러한 이슈를 고려하는 행동을 의미합니다. 이러한 소비자들은 기업이 환경친화적이며 사회적으로 책임감 있는 경영을 하고 있는지, 투명하게 운영되고 있는지에 대한 정보를 주로 찾아 보며 구매 결정을 내립니다. ESG 소비자 행동주의는 다음과 같은 특징을 가집니다.

가. 환경, 사회, 지배구조에 대한 관심

ESG 소비자는 제품 또는 기업의 환경적 영향, 사회적 책임, 지배구조에 대한 정보를 더 적극적으로 찾고 고려합니다. 이 개념은 다음과 같은 주요 특징을 가지고 있습니다.

(가) 환경(E): ESG 소비자는 환경친화적 제품과 서비스를 선호하며, 기업의 환경적인 노력을 주목합니다. 이들은 탄소 배출, 에너지 소비, 재활용 등과 관련된 정보를 적극적으로 검토하며, 기업의 친환경 정책을 고려한 구매를 선호합니다.

(나) 사회(S): 사회적 가치와 윤리적 원칙을 중시하는 ESG 소비자는 기업의 사회적 책임과 사회 공헌 활동에 관심을 가집니다. 노동 조건, 다양성과 포용성, 사회 프로그램 등이 이에 포함됩니다.

(다) 지배구조(G): ESG 소비자는 기업의 지배구조와 윤리적 원칙 준수에도 주목합니다. 기업의 의사결정과 투명성을 평가하며, 정치적 또는 금융적 영향력을 행사하는 방식을 고려합니다.

나. 윤리적 소비 강조

ESG 소비자는 환경친화적 제품을 선호하며, 사회적으로 책임 있는 기업을 지지합니다.

다. 정보 접근성 및 투명성 강조

ESG 소비자는 기업의 ESG 성과에 대한 정보를 쉽게 얻을 수 있어야 하며, 투명성을 중요시합니다.

제2항. ESG 소비자 행동주의의 발전 요인

ESG 소비자 행동주의는 시간이 흐름에 따라 발전하고 진화하고 있습니다. ESG 소비자 행동주의는 다음과 같은 요소로 인해 발전하고 있습니다.

가. 정보의 접근성 증가

인터넷과 소셜 미디어의 발달로 소비자들은 기업의 ESG 성과와 관련된 정보에 쉽게 접근할 수 있게 되었습니다. 이로써 소비자들은 기업들의 환경, 사회, 경영 관리에 대한 투명성을 더 쉽게 확인할 수 있게 되었으며, 이 정보를 기반으로 구매 결정을 내립니다. 뉴스, 소셜 미디어, 온라인 리뷰 등이 ESG 소비자의 의사결정에 영향을 미칩니다.

나. 기업의 사회적 책임 강화

ESG 소비자 행동주의가 더 확산되면서 기업들은 자연스럽게 사회적 책임을 강화하기 시작했습니다. 기업들은 환경 보호, 다양성과 포용성, 윤리적 경영 등의 이슈에 대한 더 많은 관심을 기울이고, 이를 통해 소비자들의 신뢰를 얻으려 노력하고 있습니다. 기업들은 소비자의 ESG 관심을 고려하여 더 나은 환경 및 사회적 성과를 추구하고 있습니다.

다. ESG 투자의 증가

ESG 소비자 행동주의는 투자 분야에도 영향을 미치고 있습니다. 점점 더 많은 투자자들이 ESG 기준을 고려하여 투자 결정을 내리고 있으며, 이는 기업들이 ESG 성과를 개선하도록 자극하고 있습니다. 투자 기관과 기업은 ESG 성과를 금융적 가치와 연결시키고 있습니다. ESG 성과가 금융 성과에 영향을 미친다는 인식이 커지고 있으며, 이로 인해 기업들은 ESG 에 더 많은 주의를 기울이고 있습니다.

라. 정부와 규제의 영향

많은 국가와 지역에서는 ESG 관련 규제를 강화하고 있으며, 기업들은 이러한 규제를 준수하고 미래에 대비하기 위해 노력하고 있습니다. 이러한 규제는 ESG 소비자 행동주의를 더욱 강화시키고 있으며, 기업들에게 ESG 이슈에 대한 진지한 고려와 행동을 촉진하고 있습니다.

마. 세계적인 확산

ESG 소비자 행동주의는 국경을 넘어 확산되고 있습니다. 국제적인 기구와 협회들은 지속 가능성을 증진하기 위한 원칙과 가이드라인을 개발하고, 글로벌 기업들은 국제적인 기준을 채택하고 있습니다.

ESG 소비자 행동주의는 더 많은 소비자들이 기업의 ESG 성과를 중요하게 여기고, 이를 고려하여 제품과 서비스를 선택하는 경향을 보이고 있습니다. ESG 소비자 행동주의는 기업과 소비자들 간의 관계를 혁신하고, 사회적 책임과 지속 가능성을 강조하는 중요한 요소로 부상하고 있습니다. 이러한 흐름은 기업들에게 ESG 원칙을 채택하고 실천함으로써 경쟁 우위를 확보하는 기회를 제공하며, 소비자들에게는 더 의식적이고 윤리적인 소비 습관을 형성하는 데 도움을 주고 있습니다.

제2절. ESG 소비자 행동주의 특징과 중요성

ESG 소비자 행동주의는 소비자들이 제품과 서비스를 선택할 때 환경, 사회, 지배구조 측면에서 기업의 지속 가능성에 주목하고 그에 따라 구매 결정을 내리는 행동을 의미합니다. 이 절에서는 ESG 소비자 행동주의의 특징과 중요성에 대해 논의하겠습니다.

제1항. ESG 소비자 행동주의의 특징

가. 높은 환경 책임감

ESG 소비자는 기업이 환경친화적인 제품을 제공하고 친환경적인 생산 방법을 채택하는지에 주목합니다. 이들은 환경 오염, 기후 변화, 자원 절약 등에 민감하며, 이러한 이슈에 대한 기업의 대응을 고려하여 제품을 선택합니다. 이들은 환경친화적 제품과 서비스를 선호하며, 기업의 환경 영향을 고려하여 구매 결정을 내립니다. 재생 가능 에너지, 재활용 가능한 제품, 탄소 발자국 감소 등이 그들의 관심사입니다.

나. 사회적 영향력 확대

ESG 소비자는 기업의 사회 책임을 중요하게 여깁니다. 이들은 노동 조건, 인권, 다양성 및 포용성 등 사회적 이슈에 민감하며, 이를 고려하여 제품을 구매하거나 기업에 투자합니다. 사회적 책임감을 가진 기업에 대한 지지 역시 ESG 소비자들의 특징 중 하나입니다. 기업이 사회적 불평등 감소, 고용 창출, 다양성과 포용성을 존중하는 노력을 통해 사회적 가치를 창출하는 것에 긍정적으로 반응합니다. 소비자들은 자신의 구매로 사회적 긍정적 영향을 미치기를 원합니다.

다. 지배구조와 윤리적 경영 중시

ESG 소비자는 기업의 지배구조와 윤리적 경영에 주목합니다. 이들은 기업의 의사결정과 리더십을 투명하게 운영하는 기업을 선호하며, 부정행위나 윤리적 위반 사례에 대한 정보에 민감합니다. 투명한 의사결정과 적절한 지배구조를 갖춘 기업에 대한 신뢰가 높아지며, 이러한 기업에 투자하거나 제품을 구매하는 경향이 더 높습니다.

라. 정보 접근성 및 투명성 요구

ESG 소비자들은 기업의 ESG 성과 정보에 대한 투명성을 요구합니다. 기업은 자신의 ESG 노력과 성과를 공개하고 투명하게 전달하는 것이 중요합니다. 더 나아가, 소비자들은 정보에 쉽게 접근하고 평가할 수 있어야 합니다. 이러한 정보는 제품 라벨링, 웹사이트, 보고서 등을 통해 제공되어야 하며, 이를 통해 소비자들은 더 나은 결정을 내릴 수 있습니다.

제2항. ESG 소비자 행동주의의 중요성

ESG 소비자 행동주의는 현대 소비 트렌드의 중심에 자리 잡고 있으며 다음과 같은 이유로 중요성을 갖고 있습니다.

가. 지속 가능한 미래 구축

ESG 소비자 행동주의는 지속 가능한 미래를 구축하는 데 중요한 역할을 합니다. ESG 소비자들은 지속 가능한 제품과 서비스를 선택함으로써 미래 세대를 위한 환경과 사회를 보호하고 지원합니다. 환경적, 사회적, 지배구조적 측면에서 긍정적인 영향을 끼치는 기업은 지속 가능한 경제와 사회를 촉진하는 데 기여하며, 이는 모든 사람들에게 이익이 됩니다. 기후 변화와 사회적 문제가 더욱 중요해지는 가운데, ESG 노력은 장기적인 경영 전략의 일부로 인식되고 있습니다.

나. 기업에 대한 영향력 확대

ESG 소비자들은 기업들에게 영향력을 행사하는 주체로 부상하고 있습니다. 이들이 ESG 기준을 중요시하고 이에 따라 소비와 투자를 조절하면, 기업들은 지속 가능한 경영 방향으로 전환하려고 노력하게 됩니다. 기업들은 ESG 요구 사항을 충족시키지 않으면 소비자들의 지지를 잃고 시장에서 경쟁력을 상실할 수 있습니다.

다. 기업의 경쟁력 강화

ESG를 고려한 제품과 서비스를 제공하는 기업은 경쟁 우위를 확보할 수 있습니다. 소비자들은 더 나은 환경과 사회적 영향을 가져오는 기업과 협력하고, 이에 대한 보상을 제공하며, 이로 인해 기업들은 지속 가능성을 실현하는 데 이점을 얻을 수 있습니다. ESG 성과가 높은 기업은 브랜드 이미지와 신뢰도를 향상시키며, 소비자들에게 더 많은 고객을 유치하는 데 도움이 됩니다.

라. 브랜드 이미지 제고

ESG 소비자 행동주의를 적극적으로 수용하는 기업은 브랜드 이미지를 향상시키고 소비자들에게 더 긍정적으로 인식됩니다. 이는 장기적으로 기업의 성공과 연결됩니다.

ESG 소비자 행동주의는 현대 소비자들의 중요한 특징 중 하나로 부상하고 있습니다. 기업은 환경, 사회, 지배구조 측면에서의 노력을 강화하고 투명성을 제공함으로써 소비자들의 신뢰를 얻고 미래에 대비하는 데 도움을 받을 수 있습니다. 더 나아가, ESG 원칙을 따르는 기업은 사회적 가치 창출과 지속 가능한 성장을 추구함으로써 긍정적인 영향을 더욱 확대할 것입니다.

제3절. ESG 소비자 행동주의 원칙과 실천 방안

ESG 원칙은 기업의 지속 가능성을 증진하고 사회적 책임을 강조하여 비즈니스 환경을 개선하려는 움직임의 핵심이 되고 있습니다. 하지만 이 원칙은 기업뿐만 아니라 소비자에게도 중요한 영향을 미치고 있습니다. 소비자가 ESG 원칙을 적용하고 실천하는 것은 기업을 향한 요구와 지속 가능한 미래를 구축하는 데 필수적입니다. 이 절에서는 ESG 소비자 행동주의의 핵심 원칙과 실천 방법을 살펴보겠습니다.

제1항. ESG 소비자 행동주의의 핵심 원칙

가. 환경적 지속 가능성 고려

ESG 소비자 행동주의의 첫 번째 원칙은 환경적 지속 가능성을 고려하는 것입니다. 소비자로서, 제품이나 서비스를 선택할 때 그것이 환경에 미치는 영향을 고려해야 합니다. 환경친화적 제품을 선택하고, 에너지 효율적인 솔루션을 선호하는 등 환경을 생각하는 소비 습관을 가져야 합니다. 재활용, 에너지 절약, 탄소 배출 감소를 위한 노력은 환경을 지키는 데 중요한 역할을 합니다.

나. 사회적 가치와 공정성 지향

두 번째 원칙은 사회적 가치와 공정성을 지향하는 것입니다. 기업의 사회적 책임을 고려하여 소비하는 것은 중요합니다. 기업의 공정한 대우, 다양성과 포용성 증진, 노동자의 권리 보호 등이 사회적 공정성을 존중하는 방법입니다. 소비자로서 우리는 이러한 가치를 실천하기 위해 기업의 사회적 성과와 윤리적 행동을 지켜보아야 합니다.

다. 지배구조와 투명성 중요시

세 번째 원칙은 기업의 지배구조와 투명성을 중요시하는 것입니다. 기업의 경영 방식과 의사결정 과정을 이해하고, 투명하게 공개되고 있는 기업을 지지해야 합니다. 기업의 경영 구조, 보고서, 재무 정보를 이해하고 검토함으로써 우리는 더 나은 투자 및 소비 결정을 내릴 수 있습니다. 또한 기업이 투명하고 책임감 있는 지배구조를 유지하도록 압력을 가해야 합니다. 거버넌스가 강화되면 기업의 지속 가능성이 향상되고, 투자자와 소비자 모두에게 이로운 결과를 초래할 수 있습니다.

라. 교육과 의식 확산 기여

ESG 소비자 행동주의를 실천하기 위해 교육과 의식 확산에 기여해야 합니다. 다른 사람들에게 ESG 관련 정보를 공유하고, 이에 대한 인식을 높이는 데 기여할 수 있습니다. 또한 소비자로서 권리를 행사하고, 기업들에게 ESG 원칙을 준수하도록 압력을 가하는 역할을 해야 할 필요가 있습니다. 또한, ESG 소비자로서 자기 계발은 중요한 부분입니다. 지속 가능한 소비 습관을 형성하기 위해 계속해서 새로운 정보를 습득하고 학습해야 합니다. 이러한 노력은 미래 세대에게 더 나은 환경과 사회를 물려줄 수 있습니다.

마. 긍정적 영향력 행사

ESG 소비자 행동의 마지막 원칙은 긍정적인 영향력을 행사하는 것입니다. 소비자들은 제품 및 서비스 선택, 소비 습관 변경, 기업에 대한 피드백 등을 통해 기업의 ESG 실천을 격려하고 지원할 수 있습니다. 또한 지역 사회에 봉사하거나 환경 보호 그룹에 참여함으로써 사회적 책임을 발휘할 수 있습니다. 따라서 ESG 소비자들은 자신의 선택이 기업들에게 어떤 메시지를 전달하는지를 이해하고, 지속 가능한 소비 습관을 통해 긍정적인 영향을 미치도록 노력해야 합니다.

제2항. ESG 소비자 행동주의의 실천 방안

ESG 소비자 행동주의를 실천하기 위해 다음과 같은 방안을 고려할 수 있습니다.

가. ESG 정보 수집 및 평가

ESG에 대한 이해를 높이고, 제품 또는 서비스를 선택할 때 ESG 성과를 고려합니다. 이를 위해 기업의 ESG 보고서, 책임 투자 평가, 뉴스 및 다양한 소비자 리뷰를 검토합니다.

나. ESG 상품 및 서비스 선택

소비자는 지속 가능성을 강조하는 제품 및 서비스를 선호하며, 환경친화적이고 사회적으로 책임 있는 기업의 제품을 선택합니다.

다. ESG 소비자 행동주의 실행 확대

소비자는 자신의 소비 행동이 기업의 ESG 성과에 영향을 미칠 수 있음을 이해하고, 다른 소비자와 ESG 관련 정보를 공유하여 영향력을 확대합니다.

라. ESG 기업에 대한 투명성 강화

소비자는 기업에게 ESG 정보를 공개하고 투명하게 보고하도록 요구합니다. 이를 통해 기업은 더 많은 투자와 지원을 유치하고 지속 가능한 경영을 강화할 수 있습니다.

마. 지속 가능한 생활 방식 채택

ESG 소비자는 에너지 절약, 재활용, 지속 가능한 교통수단 사용 등 지속 가능한 생활 방식을 채택하여 개인적으로도 환경과 사회에 긍정적인 영향을 미칩니다.

바. ESG 정책 및 규제에 대한 참여

ESG 관련 정책 및 규제에 대한 참여는 소비자의 역할 중 하나입니다. 정부와 규제 기관에 의견을 제출하고 지속 가능한 미래를 위한 정책 개선에 기여합니다.

ESG 소비자 행동주의의 원칙은 환경, 사회, 지배구조 측면에서 지속 가능한 소비를 촉진하고 기업들에게 사회적 책임을 부여합니다. 이러한 원칙을 따르는 것은 우리의 개인적인 행동뿐만 아니라 전체 사회에 긍정적인 영향을 미칠 수 있습니다. ESG 소비자 행동주의의 힘은 기업의 ESG 성과와 미래를 형성하는 데 중요한 역할을 할 뿐 아니라 지속 가능한 사회 및 환경을 구축하는 데 큰 영향을 미칩니다. 따라서 우리는 ESG 원칙을 받아들이고 실천하여 더 나은 미래를 위해 노력해야 합니다. ESG 소비자 행동주의를 통해 우리는 보다 지속 가능하고 공정한 세계를 구축하는 데 기여할 수 있습니다.

제4절. ESG 소비자 행동주의와 기업의 대응 전략

ESG 기준은 기업이 사회적 책임을 어떻게 다루고 있는지를 평가하는 중요한 지표 중 하나로 부상하고 있습니다. 다른 한편으로, ESG 소비자 행동주의는 소비자들이 기업의 ESG 평가에 민감해지면서 중요한 역할을 하고 있습니다. 이러한 과제의 핵심 부분 중 하나는 ESG 소비자 행동주의와 ESG 기업 간의 상호 작용입니다. 이 절에서는 ESG 소비자 행동주의가 ESG 기업에 미치는 영향과 ESG 기업의 대응 전략에 대해 논의하겠습니다.

제1항. ESG 소비자 행동주의

가. ESG 소비자 행동주의의 부상

최근 몇 년 동안, 소비자들은 제품 및 서비스를 구매할 때 환경, 사회, 지배구조 문제에 대한 더 큰 관심을 기울이고 있습니다. 이러한 관심의 증가는 다양한 요인에 기인합니다. 환경 문제에 대한 급속한 인식 증가, 기후 변화에 대한 우려, 사회적 불평등 감소를 위한 노력, 그리고 미디어와 사회 네트워크를 통한 정보의 더 쉬운 공유 등이 그 예입니다. 이러한 변화로 소비자들은 제품 또는 서비스를 선택할 때 기업의 ESG 성과와 가치관을 고려하는 경향이 더욱 커졌습니다.

나. ESG 소비자 행동주의 발전 요인

ESG 소비자 행동주의는 소비자들이 제품이나 서비스를 선택할 때, 해당 제품을 생산한 기업의 ESG 성과와 관련된 정보를 고려하는 경향을 나타냅니다. 소비자들은 환경적, 사회적, 지배구조적인 측면에서 기업이 책임감을 가지고 있는지에 중점을 두며, 이러한 정보를 바탕으로 구매 결정을 내립니다. 이러한 ESG 소비자 행동주의는 다음과 같은 요인에 영향을 받을 수 있습니다.

(가) 정보 접근성 증가: ESG에 대한 교육 및 정보 접근성이 증가함에 따라 소비자들은 이러한 정보를 쉽게 얻을 수 있으며, 이를 활용하려는 의지가 높아집니다.

(나) 기업의 투명성 강화: ESG 정보를 투명하게 제공하는 기업은 소비자들로부터 신뢰를 얻을 확률이 높아집니다. 역으로, 투명성이 부족한 기업은 ESG 소비자들의 신뢰를 잃을 수 있습니다.

(다) 사회적 영향 확대: 지속 가능한 제품 및 서비스의 선택은 소비자들이 사회적으로 더 나은 선택을 하려는 욕구를 반영합니다. 이로 인해 기업은 사회적 책임을 다하고 지속 가능한 방식으로 운영하려는 동기를 얻게 됩니다.

다. ESG 소비자 행동주의의 중요성

ESG 소비자 행동주의는 소비자가 환경, 사회, 지배구조와 관련된 문제에 대해 더 큰 관심을 가지고, 이를 고려하여 제품과 서비스를 선택하는 행동을 말합니다. ESG 소비자 행동주의가 중요한 이유는 다음과 같습니다.

(가) 환경 보호: ESG 소비자는 환경에 미치는 영향을 고려하여 친환경 제품을 선호하며, 이로 인해 기업은 환경친화적 제품을 개발하고

생산하는 데 더욱 주력하게 됩니다.

(나) 사회적 책임: 소비자들은 사회적 책임 있는 기업을 지지하고, 사회 문제에 민감한 기업에 투자합니다. 이는 기업의 사회적 책임을 강조하고 사회 문제 개선에 기여합니다.

(다) 투명성과 신뢰: ESG 소비자는 기업의 투명성과 믿음을 중요시하며, 기업은 이를 충족시키기 위해 정보 공개와 투명한 경영을 강화합니다.

제2항. ESG 소비자 행동주의와 기업 성과의 연관성

ESG 소비자 행동주의는 기업의 성과에 직간접적인 영향을 미칩니다. 소비자들이 ESG에 민감하게 반응하면, 기업은 ESG 측면에서 더 나은 성과를 내기 위해 노력하게 됩니다. 이는 기업의 경쟁력을 향상시키고 장기적으로 수익을 증가시킬 수 있는 기회를 제공합니다. ESG를 적극적으로 채택하는 기업들은 ESG 소비자 행동주의와의 상호 작용에서 다양한 이점을 얻을 수 있습니다.

가. 시장 경쟁력 강화

ESG 소비자 행동주의에 부응하기 위해 기업은 환경적, 사회적, 지배구조적 책임을 강조하고 이를 준수하는 노력을 기울입니다. 이로 인해 기업의 시장 경쟁력이 강화되며 브랜드 이미지가 향상됩니다.

나. 금융 성과 향상

ESG 기업은 투자자들에게 높은 투자 가치를 제공하며, ESG 소비자 행동주의를 준수하는 기업은 장기적으로 더 높은 수익을 창출할 가능성이 높습니다. 또한, ESG 요인을 고려하여 투자하는 투자자들은 기업의 장기적인 성과에 기여하게 됩니다.

다. 리스크 관리

ESG 기업은 환경 및 사회적 리스크를 관리하고 줄일 수 있는 능력을 키울 수 있습니다. 이는 잠재적인 법적 문제나 평판 손상을 방지할 수 있는 데 도움이 됩니다.

라. 사회적 영향 확대

ESG 소비자 행동주의와 ESG 기업의 상호 작용은 사회적으로 긍정적인 영향을 미치며, 환경 및 사회 문제 해결에 기여합니다. 또한, ESG 기업은 지속 가능한 비즈니스 모델을 통해 장기적으로 성장할 수 있으며, 이는 주주와 투자자들에게도 긍정적인 영향을 미칩니다.

제3항. ESG 소비자 행동주의와 기업의 ESG 대응 전략

기업들은 ESG 소비자 행동주의를 고려하여 비즈니스 전략을 조정하고 새로운 제품 및 서비스를 개발하는 데 노력하고 있습니다. 환경적 책임을 강조하는 제품이나 사회적 기여를 강조하는 브랜딩은 ESG를 중시하는 소비자들에게 더 매력적으로 다가갈 수 있습니다. 다음은 기업이 ESG 소비자 행동주의에 대응하기 위한 주요 전략 몇 가지입니다.

가. ESG 원칙 통합

기업은 ESG 원칙을 비즈니스 전략에 통합하여 환경, 사회, 지배구조 측면에서 지속 가능한 업무를 수행합니다. 이는 제품 및 서비스 개발, 공급망 관리, 인재 채용 등 모든 측면에 영향을 미칩니다.

나. ESG 정보 공개 및 투명성 강화

기업은 ESG 성과에 대한 정보를 투명하게 공개하고 이를 쉽게 이해할 수 있도록 노력합니다. 이로써 소비자들은 기업의 실제 노력과 성과를 평가할 수 있게 됩니다.

기업은 자사의 ESG 노력을 투명하게 공개하고 보고서를 작성하여 소비자들에게 제공합니다. 이를 통해 기업의 ESG 실천 내용을 고객들에게 전달하고 신뢰를 구축합니다.

다. ESG 제품 개발 및 서비스 혁신

기업들은 친환경 제품 및 서비스를 개발하고 사회적 가치를 높이는 방법을 모색합니다. 이는 소비자들이 지속 가능한 제품을 선택할 수 있도록 도와줍니다.

라. 이해관계자 참여 확대

기업은 이해관계자들과의 협력을 강화하고, 고객, 공급 업체, 지역 사회와 함께 지속 가능한 솔루션을 개발하며 사회적 가치를 실현합니다.

마. ESG 교육 및 의사소통

기업들은 소비자들에게 ESG의 중요성을 설명하고 그 영향을 알리는 데 노력합니다. 교육과 의사소통을 통해 소비자들은 더 나은 결정을 내릴 수 있게 됩니다.

바. 사회 참여 및 협력 강화

기업들은 지역 사회와의 협력을 강화하고 사회적 가치를 실현하는 활동에 참여함으로써 소비자들의 신뢰를 얻을 수 있습니다. 기업은 지역 사회와의 협력 및 기부, 노동자의 권리 보장 등을 통해 사회적 책임을 강조합니다.

기업들은 더 높은 ESG 기준을 준수하고 소비자들은 지속 가능한 제품과 서비스를 선택함으로써 지속 가능한 미래를 구축하는 데 기여하고 있습니다. 이러한 상호 작용은 사회적 책임과 지속 가능성을 높이는 데 기여하며, 경제와 환경에 긍정적인 영향을 미칩니다. 따라서, ESG 소비자 행동주의와 ESG 기업의 협력은 우리 사회와 경제의 발전에 필수적인 요소 중 하나입니다.

제5절. ESG 소비자 행동주의와 ESG 마케팅의 발전 방향

ESG 소비자 행동주의는 소비자들이 제품과 서비스를 구매할 때 기업의 ESG 가치 및 실천에 더 큰 관심을 가지고 있음을 나타냅니다. 이로 인해 기업들은 ESG 마케팅을 통해 소비자들을 유치하고 그들의 요구를 충족시키려는 노력을 기울이고 있습니다. 이 절에서는 ESG 소비자 행동주의와 ESG 마케팅의 발전 방향에 대해 논의하겠습니다.

제1항. ESG 소비자 행동주의의 발전 방향

가. ESG 소비자 행동주의의 부상

최근 몇 년 동안 ESG에 대한 관심이 급증하면서 소비자들은 기업의 ESG 실천에 대한 더 큰 주의를 기울이고 있습니다. 이러한 ESG 소비자 행동주의의 부상은 다음과 같은 요인들에 의해 추진되었습니다.

(가) 정보 접근성 증가: 인터넷과 소셜 미디어의 확산으로 소비자들은 기업의 환경, 사회, 지배구조에 대한 정보에 더 쉽게 접근할 수 있게 되었습니다.

(나) 세대별 변화: MZ 세대는 특히 환경 및 사회 문제에 대한 관심이 높으며, 이러한 세대들이 소비자로서의 역할을 활용하고 있습니다.

(다) 금융 시장의 변화: ESG 투자 제품과 서비스가 더 다양해지면서 소비자들은 자신의 돈을 ESG 원칙에 따라 투자하려는 경향이 늘어나고 있습니다.

나. ESG 소비자 행동주의의 특징

ESG 소비자 행동주의는 소비자들이 환경, 사회, 지배구조와 관련된 가치를 실천하고자 하는 의지와 행동을 의미합니다. 이러한 행동주의는 다음과 같은 특징을 가지고 있습니다.

(가) 환경 및 사회적 관심 증가: ESG 소비자는 환경 보호 및 사회적 문제에 대한 관심이 높습니다. 기후 변화, 사회적 불평등, 인권 문제 등에 대한 인식이 높아지면서, 소비자들은 자신의 소비 행동이 이러한 문제에 어떤 영향을 미치는지 고려합니다.

(나) 브랜드에 대한 ESG 평가: 소비자들은 제품 또는 브랜드를 선택할 때 ESG 성과를 고려합니다. 기업의 지속 가능성 보고서, 환경친화적 제품 라인, 사회적 기부 활동 등은 소비자들이 브랜드를 선택할 때 중요한 결정 요인이 됩니다.

(다) ESG 관련 정보에 대한 요구 증가: 소비자들은 ESG에 관한 정보에 대한 요구가 증가하고 있습니다. 기업은 투명하고 정확한 ESG 정보를 제공해야 하며, 이를 통해 소비자의 신뢰를 얻을 수 있습니다.

다. ESG 소비자 행동주의의 발전 방향

ESG 소비자 행동주의란 소비자들이 제품이나 서비스를 구매할 때, 기업의 환경, 사회, 지배구조에 대한 정보를 고려하여 결정하는 경향을 의미합니다. 이는 소비자들이 더 나은 세상을 지원하고 기업의 사회적 책임을 중요시한다는 신호입니다. 다음은 ESG 소비자 행동주의의 주요 특징과 발전 방향에 대한 제안입니다.

(가) 윤리적 소비 확대: ESG 소비자들은 환경친화적 제품, 사회적으로 책임감 있는 기업을 선호합니다. 이러한 소비자들은 제품 구매 결정에 영향을 미치는 요소로서 ESG 정보를 활용하며, 기업의 ESG 성과를 평가합니다.

(나) 정보 접근성 확대: ESG 소비자들은 기업의 ESG 정보에 대한 접근성을 중요하게 생각합니다. 기업은 ESG 보고서를 투명하게 제공하고, 소비자들에게 이해하기 쉽게 전달하는 노력이 필요합니다.

(다) 소비자 교육 확대: 소비자들을 ESG 원칙과 그 중요성에 대해 교육하는 노력은 ESG 소비자 행동주의를 더욱 촉진할 수 있습니다. 기업은 소비자들에게 ESG의 장점과 영향을 설명하는 커뮤니케이션 전략을 개발해야 합니다.

제2항. ESG 마케팅의 발전 방향

ESG 마케팅은 기업이 자신의 ESG 노력을 소비자에게 효과적으로 전달하는 방법을 연구하고 발전시키는 분야입니다. 다음은 ESG 마케팅의 미래 방향에 대한 몇 가지 제안입니다.

가. 브랜드의 ESG 가치 강조

ESG 마케팅은 브랜드의 ESG 가치를 강조하는 데 중점을 둬야 합니다. 기업은 자신의 지속 가능성 노력을 투명하게 소비자에게 전달하고, 그 노력이 어떻게 환경과 사회에 긍정적인 영향을 미치는지 설명해야 합니다.

나. ESG 지표 표준화 및 인증 제도 활용

ESG 지표 및 보고서의 표준화가 더 많은 기업들에게 적용될 것으로 예상됩니다. 이는 소비자들이 기업 간의 ESG 성과를 더 쉽게 비교할 수 있도록 도울 것입니다.

또한, 소비자들에게 ESG에 대한 교육을 제공하고 인증 제도를 활용하여 믿을 수 있는 정보를 제공하는 데 노력해야 합니다.

다. ESG 정보의 투명성 강화

ESG 마케팅은 기업의 실제 ESG 성과와 일치해야 합니다. 기업은 ESG 성과를 투명하게 공개하고 소비자들에게 쉽게 접근 가능하도록 해야 합니다.

거짓 정보나 허구적인 주장은 소비자 신뢰를 훼손시킬 수 있으므로, 진실성을 강조해야 합니다.

라. ESG 소비자 교육 확대

ESG 마케팅은 소비자들을 교육하고 인식을 높이는 데에도 기여해야 합니다. 기업은 소비자들에게 지속 가능한 소비의 중요성을 알려 주고, 자신의 제품 또는 서비스가 어떻게 ESG 원칙을 지원하는지 설명해야 합니다.

마. 협력과 파트너십 구축

ESG 마케팅은 다른 기업, 비영리 기관, 정부와의 협력과 파트너십을 통해 더 큰 영향을 창출할 수 있습니다. 이러한 협력은 기업의 ESG 노력을 강화하고 소비자에게 보다 긍정적인 메시지를 제공할 수 있습니다. 비슷한 ESG 가치를 공유하는 비영리 단체나 다른 기업과의 파트너십을 구축하여, 함께 더 큰 사회적 영향을 창출할 수 있습니다.

바. 기술의 활용 확대

기업들은 빅데이터, 인공 지능 및 블록체인과 같은 기술을 활용하여 ESG 성과를 모니터링하고 보고할 것입니다.

ESG 소비자 행동주의는 기업과 소비자 간의 관계를 혁신하고 변화시키고 있습니다. ESG 소비자 행동주의는 기업들에게 ESG 실천을 강화하고 이를 마케팅 전략의 일부로 통합하도록 요구하고 있습니다. 이러한 ESG 소비자 행동주의의 부상은 기업과 소비자 간의 관계를 재정의하고, 더 지속 가능한 비즈니스 모델을 촉진할 것입니다. ESG 마케팅은 기업들에게 지속 가능한 경쟁력을 확보하고 긍정적인 이미지를 유지하는 도구로서 중요한 역할을 합니다. 앞으로 ESG 소비자 행동주의와 ESG 마케팅은 더욱 중요해지며, 기업들은 브랜드의 ESG 가치를 강조하고, 소비자 교육과 협력을 통해 ESG 마케팅을 향상시키는 노력은 미래의 성공을 위한 중요한 요소가 될 것입니다.

에필로그(Epilogue)

이 책의 저자로서, 나는 그동안의 글쓰기 과정에서 존재하지 않았던 독특한 협력 경험을 하였습니다. 인공 지능 모델인 ChatGPT는 저의 창의적인 고민과 필요에 따라 텍스트를 생성하는 데 도움을 주었습니다. 또한, ChatGPT는 제가 연구한 주제에 대한 추가 정보를 제공하고, 아이디어를 균형 있게 발전시키는 데에도 도움을 주었습니다. 그 결과, 이 책은 새로운 관점과 통찰력을 갖게 되었으며 더 풍부한 내용과 표현력을 가질 수 있었습니다.

하지만, 이 책의 작성은 ChatGPT의 지원만으로 이루어진 것이 아님을 강조하고 싶습니다. ChatGPT는 정보를 제공하는 데 도움을 주었지만, 이책의 창작 아이디어, 구조, 스토리텔링, 그리고 전반적인 집필 과정은 저자 본인의 지식과 경험, 창작 의지와 글쓰기 역량을 반영한 것입니다. 저자는 ChatGPT가 출력한 텍스트를 검토하고 수정하여 적절한 문맥과 전문성을 유지하면서 최종적인 내용을 완성하였습니다. 따라서, 책의 내용은 저자 본인의 지식과 경험을 기반으로 작성되었으며, ChatGPT는 보조적인 역할을 수행한 것으로서, 저자의 창작적 노력이 이 책의 완성에 주된 역할을 하였음을 밝힙니다. 저자는 ChatGPT를 도구로 활용하면서도 언제나 인간 작가의 역량을 최대한 발휘하려고 노력했습니다. 따라서 ChatGPT 는 기술적인 도움을 주었지만, 이 책의 모든 창작 과정은 인간 작가의 창 의성과 노력에 기반하고 있음을 다시 한번 강조하고 싶습니다.

이러한 AI와 인간 작가의 협업은 미래의 글쓰기와 예술 창작에 대한 새 로운 가능성을 열어 놓고 있으며, 이 에필로그를 통해 그 여정을 기록하고 자 합니다. 마지막으로, 이 책을 읽는 독자들에게 감사의 말씀을 전합니 다. 여러분의 지속적인 지원과 이해에 힘입어 이러한 실험적인 작업을 이 어 나갈 수 있었으며, 앞으로도 더 나은 글쓰기와 아이디어 공유를 위한 노력을 계속하겠습니다. 새로운 가능성을 탐험하는 이 행복한 여정에 함 께해 주셔서 감사합니다.